我们一起解决问题

企业涉税业务难点分析与破解

魏春田　魏迎春　编著

人民邮电出版社
北　京

图书在版编目（CIP）数据

企业涉税业务难点分析与破解 / 魏春田，魏迎春编著 . -- 北京 ：人民邮电出版社，2025. -- ISBN 978-7 -115-66396-2

Ⅰ . F812.423

中国国家版本馆 CIP 数据核字第 20254SJ614 号

内 容 提 要

本书立足于现行税收法律法规及与之相关的法律政策，对近期税收优惠政策执行过程中的一些难点和热点问题进行解读，包括非货币性资产投资与税、企业破产中的涉税问题、新《公司法》下的涉税问题、企业注销与税，以及"反向开票"等。同时，针对"两高"认定的危害税收征管的主要罪名进行了解释说明。全书内容翔实，案例典型，将税务知识、政策法规、纳税实务与案例分析结合起来讲解，提供可落地执行的税务解决方案，能够帮助企业在税收政策的适用上做到精准规范，最大限度地规避税收风险。

本书既适合从事财会工作和税务管理工作的相关人士阅读，也可以作为财税培训机构与财经院校相关专业课程的指导用书。

◆ 编　著　魏春田　魏迎春

　　责任编辑　付微微

　　责任印制　彭志环

◆ 人民邮电出版社出版发行　　北京市丰台区成寿寺路 11 号

　　邮编 100164　　电子邮件 315@ptpress.com.cn

　　网址 https://www.ptpress.com.cn

　　北京天宇星印刷厂印刷

◆ 开本：880×1230　1/32

　　印张：9.25　　　　　　　　　　2025 年 3 月第 1 版

　　字数：140 千字　　　　　　　　2025 年 3 月北京第 1 次印刷

定　价：69.00 元

读者服务热线：（010）81055656　印装质量热线：（010）81055316

反盗版热线：（010）81055315

当下，为了促进经济的高质量发展，我国开启了大规模的减税降费工作，新的税收优惠政策纷至沓来，其数量之多，力度之大，前所未有。

如在增值税方面，自 2023 年 1 月 1 日至 2027 年 12 月 31 日，对小规模纳税人月销售额不超过 10 万元的，免征增值税；月销售额超过 10 万元的，征收率由 3% 降到 1%。自 2023 年 1 月 1 日至 2027 年 12 月 31 日，对先进制造业企业按当期进项税额的 5% 计提加计抵减额，对集成电路生产企业按当期可抵扣进项税额的 15% 计提加计抵减额，对工业母机生产企业按当期可抵扣进项税额的 15% 计提加计抵减额，等等。

在企业所得税方面，自 2023 年 1 月 1 日至 2027 年 12

月 31 日，对年应纳税所得额在 300 万元以下、雇佣人员不超过 300 人、资产规模在 5 000 万元以下的小型微利企业，减按 25% 计算应纳税所得额，按 20% 的税率缴纳企业所得税；自 2023 年 1 月 1 日起，对除烟草制造业、住宿和餐饮业、批发和零售业、房地产业、租赁和商务服务业、娱乐业六个行业以外的企业，开发新技术、新产品、新工艺发生的研发费用，允许按实际发生额的 100% 加计扣除；等等。

对于其他，如房产税、城镇土地使用税、印花税等税种，也推出了诸多税收优惠政策。为解决长期困扰资源回收行业的取票难题，允许资源回收企业"反向开票"。为了方便办税，在税收服务上推出了无接触办税、网上办税等一系列服务措施。

从依法治税的大环境来看，全国人民代表大会常务委员会于 2023 年对《中华人民共和国公司法》（以下简称《公司法》）进行了重大修订，其中很多条款的修订都涉及税收政策的适用问题。例如，企业注册资本由认缴制改为限期认缴制，要求投资人对所认缴的出资须在 5 年时间内出资到位。为了适应《公司法》的这一变化，企业应作出增资、减资等相应的调整，而这些调整，无一不涉及相关税收政策的适用问题。再如，修订后的《公司法》允许企业用注册资本弥补亏损，这无疑会影响企业的应纳税所得额，以及企业应缴纳的所得税数额。

与此同时，不少企业因为经营不善或负债过高，被迫要注销或进行破产清算。如果企业采取简易方式注销，股东对其涉税问题做了承诺，那么企业注销后，税务机关发现企业有涉税违法行为的，就可以直接向企业的股东追缴企业所欠税款。欠税企业的破产清算，还会涉及税款优先、滞纳金的征收期限、罚款作为劣后债权的追偿等诸多问题。

为了保证国家税款的安全，严厉打击涉税违法犯罪活动，针对危害税收征管犯罪出现的不少新情况和新问题，最高人民法院与最高人民检察院于 2024 年 3 月联合发布了《最高人民法院 最高人民检察院关于办理危害税收征管刑事案件适用法律若干问题的解释》（法释〔2024〕4 号），对涉及危害税收征管的逃税罪、逃避追缴欠税罪、骗取出口退税罪、虚开增值税专用发票罪、伪造增值税专用发票罪等 14 个罪名，重新进行了界定，并作出了详细解释。

税收优惠政策的密集出台，对企业而言，既是机遇也是挑战。

企业若能对政策精准理解，正确使用，无疑能很好地帮助企业纾危解困，使企业的发展再上一个台阶。然而，总会有一些企业在落实税收新政策时，因受所处环境以及对税收政策理解认识不到位的影响，出现一些偏差，而这种理解和执行上的偏差对企业而言也许是致命的，会给企业带来巨大的税收风险和严重的法律后果。

本书立足于现行税收法律法规及与之相关的法律政策，对近期税收优惠政策在企业适用过程中存在的热点及难点问题，做了简明扼要的解读，希望能帮助企业在税收政策的适用上做到精准规范，最大限度地规避税收风险。

受自身水平所限，即使付出了十二分努力，错漏之处亦在所难免，恳请读者批评指正，若能提出合理化建议，则不胜感激。

第 6 章　"反向开票" / 211

01

第 1 章
企业的税务合规与风险防范

随着我国改革开放的不断深入，税收制度也历经利改税、分税制、营改增三次重大改革，形成了当下以流转税和所得税为基础的有中国特色的税收体系。与此同时，为了保证税收取之于民，用之于民，税收法治化在依法治国的大背景下，也有了长足的发展。科学立法，从严执法，纳税人守法，已成为税务机关与纳税人的共识。

1.1　税收法治化

税收法治化与国家的法治化是一脉相承的，国家税务总局曾提出法治是税收的生命线，是税收的必由之路。近几年来，税务系统在推行税收法治化方面的力度不断加强，具体表现在以下几方面。

1.1.1　从税收立法上看

税收立法是税收法治化的前提，更是良法善治的起点。当下我国有 18 个税种，其中已完成立法的税种有 13 个，分别是增值税、个人所得税、企业所得税、车船税、环境保护税、烟叶税、船舶吨税、耕地占用税、车辆购置税、资源税、契税、城市维护建设税和印花税，再加上对税收征收管理程序性的立法《中华人民共和国税收征收管理法》(以下简称《税收征收管理法》)，税收领域的法律共有 14 部。

[注：《中华人民共和国增值税法》(以下简称《增值税法》) 由中华人民共和国第十四届全国人民代表大会常务委员会第十三次会议于 2024 年 12 月 25 日通过，自 2026 年 1 月 1 日起施行。《增值税法》正式生效后，本书中有关增值税相关内容的表述，如与该法规定的不一致，从其规定。]

1.1.2 从重大涉税事项的决策上看

坚定不移地推行税收决策民主化是税务机关长期以来坚持的一项重要原则。决策的民主化能够有效防止权力腐败，因此，对重大执法事项的决定，税务机关须履行相关的法定程序，经过集体决策。例如，各级税务机关的重大税务案件审理工作，税务行政复议案件的决定等重大涉税事项均须经过立案、初审等程序，最终由重大税务案件审理委员会和行政复议委员会集体作出决策。

1.1.3 从税收执法上看

我国税务系统全面推行税务执法公示制度、执法全过程记录制度、法制审核制度，这三项制度在保证税务执法的公平、公正、公开方面发挥着非常重要的作用。

1.1.4 从税收征收管理上看

在税收的征收管理上，推行征管手段的智能化。全电发票、金税四期及智慧税务正在引领税收征收管理由"以票管税"向"以数治税"转变。"以数治税"是指利用大数据、云计算、人工智能等现代信息技术，对税收数据进行深度挖掘，通过比对分析及时发现问题，以实现税收征管的智能化、精细化和高效化。

1.2　法律法规的新变化

在税务机关加强税收征管的同时，全国人民代表大会常务委员会于 2023 年对《公司法》进行了重大修订；最高人民法院与最高人民检察院联合发布了《关于办理危害税收征管刑事案件适用法律若干问题的解释》(法释〔2024〕4 号)，对涉税犯罪作出了新的解释；市场监管总局、海关总署、税务总局联合发布了《企业注销指引(2023 年修订)》，对企业的退出程序作出了新的规定等。所有这些新的规定，对纳税人都会产生重要的影响，带来重大的税收后果。

以 2023 年新修订的《公司法》为例。新《公司法》

采取限期认缴制，股东的出资必须在5年时间内出资到位。
股东出资到位后，企业资产会增加，这有可能导致企业丧
失小微企业资格，进而不能享受小微企业税收优惠政策。

限期认缴制对认缴出资尚未到位的股东也是一种挑
战，要么在8年（对新《公司法》实施前尚未出资到位的
股东，有3年的过渡期）的时间内出资到位，要么按规定
减资，股东减资必然会涉及相关的税收问题。

在涉税犯罪领域，法释〔2024〕4号文对14类涉税
犯罪，根据刑事司法及税收征收管理中出现的新情况，作
出了相应的解释。例如，在关于逃税罪的解释中，将以签
订"阴阳合同"等形式隐匿或者以他人名义分解收入、财
产的；虚列支出、虚抵进项税额或者虚报专项附加扣除
的；提供虚假材料，骗取税收优惠的情形等列入逃税罪的
范畴。再如，在对虚开增值税专用发票的犯罪解释中，明
确"为虚增业绩、融资、贷款等不以骗抵税款为目的，没
有因抵扣造成税款被骗损失的，不以本罪论处"。

1.3　企业的税务合规化管理

长期以来，总有一些企业经营者抱着侥幸心理，错误地认为自己"想办法"少交一点税款，税务机关发现不了。更何况自己的企业体量小，销售规模不大，利润薄，税务机关不会调查，所以没有什么风险。实际上，随着税务机关征管力度的不断加强和现代科学技术的应用，无论企业规模大小，只要出现税收违法行为，就会被严查。因此，企业在税务上必须做到合规化管理。

1.3.1　业务真实合规

当下，在税收领域中强调业、财、税相互融合，换句话说，业务是税收的基础，有了业务才有税收，不同的业务会有不同的税收后果。无论是增值税、消费税还是其他税种，皆如此。因此，每一个企业都要履行采购业务及销售业务的真实性审核义务，确保交易是真实的。

1.3.2　发票合规

尽管税务机关借助信息技术正在从"以票管税"向"以数治税"转变，但在当下的税收征收管理中，发票仍然是税收管理的基础，"以票管税"仍然主导着税务机关的征收管理工作。

增值税的进项抵扣，企业所得税的税前扣除，无一不依靠发票而成，抽掉了发票这张底牌，整个税收征管便成了无源之水、无本之木，因此，在税收征收管理工作中，税务机关对发票是高度重视的，对违反发票管理规定的行为，处罚是非常严厉的。因此，企业在接收发票或开出发票时，要慎之又慎，不可掉以轻心。

另外，从税务合规的角度出发，企业必须按交易的实际情况开票，虚开发票无论是虚开增值税专用发票还是普通发票，都可能构成刑事犯罪，受到司法机关的刑事追究。

1.3.3　做账合规

不做假账，是对每一个纳税人最基本的要求。按《税收征收管理法》的规定，在账簿上不列或少列收入，多列费用，隐匿、销毁账簿凭证，编造虚假计税依据等行为，均属于税收违法行为，纳税人若造成不缴或少缴税款的后果，轻则面临税务机关的行政处罚，重则会被司法机关追究刑事责任。并且，根据《中华人民共和国会计法》的规定，企业做假账即使税务机关未予以处罚，财政机关也应予以处罚。

1.3.4　合法享受税收优惠政策

为配合国家的宏观调控及促进产业政策的贯彻执行，财政部与国家税务总局制定了针对高新技术企业、西部大开发企业、小微企业等诸多税收优惠政策，但每项税收优惠政策的享受都有条件要求。例如，企业研发费用加计扣除优惠政策，必须是会计核算健全、实行查账征收并能够准确归集研发费用的居民企业，为获得科学与技术新知识，创造性运用科学技术新知识，或实质性改进技术、产品（服务）、工艺而持续进行的具有明确目标的系统性活动所发生的相关费用，才适用这项政策。对不能享受研发费用加计扣除的行业，实施"负面清单"管理，如烟草制造业、住宿和餐饮业、批发和零售业、房地产业、租赁和商务服务业、娱乐业这六个行业的企业不能享受该政策。

研发费用加计扣除的具体内容为：

企业研发活动中实际发生的研发费用，未形成无形资产计入当期损益的，在按规定据实扣除的基础上，自2023年1月1日起，再按照实际发生额的100%在税前加计扣除；形成无形资产的，自2023年1月1日起，按照无形资产成本的200%在税前摊销。

总体来说，企业的税务合规是企业合规的一个有机组成部分，单就税务合规而言，也不仅限于上述内容，企业要根据有关部门的要求建立一套完整的税务合规体系，如此才能有效规避税收风险，保障企业生产经营的安全。

02

第 2 章
非货币性资产投资与税

2.1　非货币性资产投资的涉税问题

　　股东对外投资，用货币性资产投资属于非应税行为，而容易引起税务问题的，是股东以非货币性资产对外投资。以非货币性资产对外投资可能涉及的税种有增值税、企业所得税、个人所得税、土地增值税、印花税和契税等，下面逐一对各税种的涉税问题进行分析。

2.1.1　增值税

　　股东以非货币性资产出资，若标的资产属于增值税应税范畴，应按照规定计算缴纳增值税，具体处理因出资标的不同而有所区别。

1. 以货物出资

根据《中华人民共和国增值税暂行条例实施细则》（以下简称《增值税暂行条例实施细则》）第四条的规定，单位或者个体工商户将自产、委托加工或者购进的货物作为投资，提供给其他单位或者个体工商户，视同销售货物。其中，根据该细则第二条的规定，货物是指有形动产，包括电力、热力、气体在内。因此，企业或者个体工商户以货物对外投资，应当缴纳增值税。

2. 以使用过的固定资产（不含不动产）或其他物品出资

如果股东是自然人，自然人以使用过的固定资产（不含不动产）或其他物品对外投资，根据《中华人民共和国增值税暂行条例》（以下简称《增值税暂行条例》）第十五条的规定，销售自己使用过的物品，免征增值税。而根据《增值税暂行条例实施细则》的规定，自己使用过的物品，是指"其他个人"自己使用过的物品。也就是说，自然人将自己的物品进行投资不在免征增值税范围内。

如果股东是企业或个体工商户，则需要再区分一下使用过的物品类型。

（1）对于一般纳税人来说，销售自己使用过的属于《增值税暂行条例》第十条规定不得抵扣且未抵扣进项税额的固定资产，或者纳税人购进或自制固定资产时为小规模纳税人，认定为一般纳税人后销售该固定资产，按简易办法依照 3% 征收率减按 2% 征收增值税。具体如下所述。

① 销售自己使用过的 2009 年 1 月 1 日以后购进或者自制的固定资产，按照适用税率征收增值税。

② 2008 年 12 月 31 日以前未纳入扩大增值税抵扣范围试点的纳税人，销售自己使用过的 2008 年 12 月 31 日以前购进或者自制的固定资产，按照简易办法依照 3% 征收率减按 2% 征收增值税。

③ 2008 年 12 月 31 日以前已纳入扩大增值税抵扣范围试点的纳税人，销售自己使用过的在本地区扩大增值税

抵扣范围试点以前购进或者自制的固定资产，按照简易办法依照 3% 征收率减按 2% 征收增值税；销售自己使用过的在本地区扩大增值税抵扣范围试点以后购进或者自制的固定资产，按照适用税率征收增值税。

④ 一般纳税人销售自己使用过的除固定资产以外的物品，应当按照适用税率征收增值税。

以上所称"自己使用过的固定资产"，是指纳税人根据财务会计制度已经计提折旧的固定资产。

（2）对于小规模纳税人（除"其他个人"外）来说，销售自己使用过的固定资产，按照简易办法依 3% 征收率减按 2% 征收增值税（自 2023 年 1 月 1 日至 2027 年 12 月 31 日，减按 1% 征收增值税）。小规模纳税人销售自己使用过的除固定资产以外的物品，应按 3% 的征收率征收增值税。

以上分类及相关要求的主要政策依据为《财政部 国家税务总局关于全国实施增值税转型改革若干问题的通知》

（财税〔2008〕170号）《财政部 国家税务总局关于简并增值税征收率政策的通知》（财税〔2014〕57号）《国家税务总局关于一般纳税人销售自己使用过的固定资产增值税有关问题的公告》（国家税务总局公告2012年第1号）《财政部 国家税务总局关于部分货物适用增值税低税率和简易办法征收增值税政策的通知》（财税〔2009〕9号）。

3. 以旧货投资

旧货是指进入二次流通的具有部分使用价值的货物（含旧汽车、旧摩托车和旧游艇），但不包括自己使用过的物品。纳税人销售旧货，按简易办法依照3%征收率减按2%征收增值税。如果是小规模纳税人，自2023年1月1日至2027年12月31日，减按1%征收率征收增值税。

特殊情况：自2020年5月1日至2027年12月31日，对从事二手车经销的纳税人销售其收购的二手车，按照简易办法依3%征收率减按0.5%征收增值税，并按下列公式计算销售额。

$$销售额 = 含税销售额 \div （1+0.5\%）$$

二手车是指从办理完注册登记手续至达到国家强制报废标准之前进行交易并转移所有权的车辆，具体范围按照国务院商务主管部门出台的《二手车流通管理办法》执行。

4. 以不动产投资

纳税人转让其取得的不动产，按照《纳税人转让不动产增值税征收管理暂行办法》执行。其中，取得的不动产包括以直接购买、接受捐赠、接受投资入股、自建以及抵债等各种形式取得的不动产，不包括房地产开发企业销售自行开发的房地产项目。

下面分别对一般纳税人、小规模纳税人、个人转让不动产，以及房地产企业销售自行开发的房地产项目等的增值税征收规定进行说明。

（1）一般纳税人转让不动产，增值税征收规定如表2-1 所示。

表 2-1　一般纳税人转让不动产的增值税征收规定

不动产取得类型	取得时间	计税方式	应纳税销售额	税率/预征率
自建不动产	2016 年 4 月 30 日前	选择简易计税方式的	取得的全部价款和价外费用	5%
非自建不动产	2016 年 4 月 30 日前	选择简易计税方式的	取得的全部价款和价外费用扣除不动产购置原价或取得不动产时的作价后的余额	5%
自建不动产	2016 年 4 月 30 日前	选择一般计税方式的	取得的全部价款和价外费用	5%
非自建不动产	2016 年 4 月 30 日前	选择一般计税方式的	取得的全部价款和价外费用	5%
自建不动产	2016 年 5 月 1 日后	一般计税方式	取得的全部价款和价外费用	5%
非自建不动产	2016 年 5 月 1 日后	一般计税方式	取得的全部价款和价外费用	5%

（2）小规模纳税人转让不动产，增值税征收规定如表 2-2 所示。

表 2-2　小规模纳税人转让不动产的增值税征收规定

不动产取得类型	应纳税销售额	征收率
自建不动产	取得的全部价款和价外费用	5%
非自建不动产	取得的全部价款和价外费用扣除不动产购置原价或取得不动产时的作价后的余额	5%

（3）个人转让自行购买的住房，增值税征收规定如表 2-3 所示。

表 2-3　个人转让自行购买的住房的增值税征收规定

征税类型	应纳税销售额	征收率
按规定全额缴纳增值税的	取得的全部价款和价外费用	5%
按规定差额缴纳增值税的	取得的全部价款和价外费用扣除购买住房价款后的余额	5%

（4）房地产企业销售自行开发的房地产项目，适用销售不动产税目。销售不动产，是指转让不动产所有权的业务活动。不动产是指不能移动或者移动后会引起性质、形状改变的财产，包括建筑物、构筑物等。其中，建筑物包括住宅、商业营业用房、办公楼等可供居住、工作或者进行其他活动的建造物；构筑物包括道路、桥梁、隧道、水坝等建造物。

转让建筑物有限产权或者永久使用权，在建的建筑物或者构筑物所有权，以及在转让建筑物或者构筑物时一并转让其所占土地使用权的，按照销售不动产缴纳增值税。

（5）特殊规定。根据财税〔2016〕36号文、《国家税务总局关于纳税人资产重组有关增值税问题的公告》（国家税务总局公告2011年第13号）的规定，纳税人在资产重组过程中，通过合并、分立、出售、置换等方式，将全部或者部分实物资产以及与其相关联的债权、负债和劳动力一并转让给其他单位和个人的，不属于增值税的征收范围，其中涉及的货物、不动产、土地使用权转让，不征收增值税。企业若在资产重组过程中，以非货币性资产出资，同时附带与之相关联的负债、劳动力的，相当于转让非货币性资产并取得被投资企业的股权对价，满足"打包转让资产"相关条件的，不征收增值税。

5. 以无形资产投资

企业将不动产、无形资产对外投资，取得被投资方股权的行为，属于有偿转让不动产、无形资产，应按规定征收增值税。但也有特殊规定，具体如下所述。

（1）提供技术转让、技术开发和与之相关的技术咨询、技术服务免征增值税。

① 技术转让、技术开发是指《销售服务、无形资产、不动产注释》中"转让技术""研发服务"范围内的业务活动。

② 技术咨询是指就特定技术项目提供可行性论证、技术预测、专题技术调查、分析评价报告等业务活动。

③ 与技术转让、技术开发相关的技术咨询、技术服务，是指转让方（或者受托方）根据技术转让或者开发合同的规定，为帮助受让方（或者委托方）掌握所转让（或者委托开发）的技术，而提供的技术咨询、技术服务业务，且这部分技术咨询、技术服务的价款与技术转让或者技术开发的价款应当在同一张发票上开具。

试点纳税人申请免征增值税时，须持技术转让、技术开发的书面合同，到纳税人所在地省级科技主管部门进行认定，并持有关的书面合同和科技主管部门审核意见证明文件**报主管税务机关备查**。

（2）在资产重组过程中，通过合并、分立、出售、置换等方式，将全部或者部分实物资产以及与其相关联的债权、负债和劳动力一并转让给其他单位和个人，其中涉及的不动产、土地使用权转让行为，**不征收增值税**。另外，对于未上市公司股权的转让，也**不属于增值税的征收范围**。

（3）自然人以著作权投资，**免征增值税**。

（4）股东以上市公司股票进行出资，属于增值税应税行为"销售服务"中的"金融服务"之"金融商品转让"，以卖出价扣除买入价后的余额为销售额，应缴纳增值税，税率为6%，对于小规模纳税人，其征收率为3%（在优惠期间，自2023年1月1日至2027年12月31日征收率降至1%）。但是，股东为自然人及个体工商户的，**免征增值税**。

（5）股东以债权出资是否需要缴纳增值税，需要结合债权的具体情况进行分析。以国债、地方政府债、金融债券和企业债券出资，属于"金融商品转让"，在增值税的征收范围内。以非债券的债权出资，一般不涉及增值税。

2.1.2　企业所得税

当前，针对非货币性资产投资，企业所得税适用的政策为《关于非货币性资产投资企业所得税政策问题的通知》（财税〔2014〕116号）。但其实我国税法有关企业以非货币性资产投资的所得税政策经历了比较复杂的演进过程，这也反映出了税务机关态度和立场的变化。

1. 仅考虑纳税能力

1997年，财政部、国家税务总局发布了《关于企业资产评估增值有关所得税处理问题的通知》（财税字〔1997〕77号，已全文废止），规定"纳税人以非现金的实物资产和无形资产对外投资，发生的资产评估净增值，不计入应纳税所得额。但在中途或到期转让、收回该项资产时，应将转让或收回该项投资所取得的收入与该实物资产和无形资产投出时原账面价值的差额计入应纳税所得额，依法缴纳企业所得税"。可以看出，当时的政策认为，纳税人以非货币性资产投资收不到现金，只有评估净增值，依据纳税必要资金原则或纳税能力原则，这个时点纳税人没有纳税能力，直到中途或到期转让、收回资产时才有收益，才具备纳税能力，同时产生纳税义务。

2. 交易分解 + 审批

3 年后，即 2000 年，国家税务总局发布了《关于企业股权投资业务若干所得税问题的通知》（国税发〔2000〕118 号，已全文废止）。相较于财税字〔1997〕77 号文，该文件对非货币性资产投资的要求发生了很大变化，其采用了交易分解理论，把非货币性投资分解为投资和财产转让两项业务进行处理。国税发〔2000〕118 号文规定"企业以经营活动的部分非货币性资产对外投资，包括股份公司的法人股东以其经营活动的部分非货币性资产向股份公司配购股票，应在投资交易发生时，将其分解为按公允价值销售有关非货币性资产和投资两项经济业务进行所得税处理，并按规定计算确认资产转让所得或损失"。同时，考虑到纳税能力，该文件还规定"资产转让所得如数额较大，在一个纳税年度确认实现缴纳企业所得税确有困难的，报经税务机关批准，可作为递延所得，在投资交易发生当期及随后不超过 5 个纳税年度内平均摊转到各年度的应纳税所得中"。

3. 交易分解

2014 年 12 月 31 日，财政部、国家税务总局发布了《关于非货币性资产投资企业所得税政策问题的通知》（财税〔2014〕116 号），该文件延续了国税发〔2000〕118 号文的精神，明确规定"企业以非货币性资产对外投资，应对非货币性资产进行评估并按评估后的公允价值扣除计税基础后的余额，计算确认非货币性资产转让所得"。同时，取消了须经税务机关审批的决定，规定"居民企业（以下简称企业）以非货币性资产对外投资确认的非货币性资产转让所得，可在不超过 5 年期限内，分期均匀计入相应年度的应纳税所得额，按规定计算缴纳企业所得税"。

财税〔2014〕116 号文适用于投资企业和被投资企业

均为居民企业的情形。如果非货币性资产投资的一方是非居民企业，又该适用什么政策呢？

（1）非居民企业以非货币性资产投资到居民企业，根据《中华人民共和国企业所得税法实施条例》（以下简称《企业所得税法实施条例》）的规定，转让财产所得，不动产转让所得按照不动产所在地确定，动产转让所得按照转让动产的企业或者机构、场所所在地确定，权益性投资资产转让所得按照被投资企业所在地确定。根据《国家税务总局关于企业取得财产转让等所得企业所得税处理问题的公告》（国家税务总局公告2010年第19号，以下简称19号公告）的规定，非居民企业以非货币性资产投资居民企业，应一次性计入确认收入的年度，计算缴纳企业所得税。

（2）居民企业以非货币性资产投资到非居民企业，相关的企业所得税处理如表2-4所示。

表 2-4　居民企业以非货币性资产投资非居民企业的企业所得税处理

情形分类	税务处理要求
适用特殊性税务处理政策	根据《财政部 国家税务总局关于企业重组业务企业所得税处理若干问题的通知》（财税〔2009〕59号），居民企业以非货币性资产投资到非居民企业，同时符合该文件第五条和第七条第三项规定"居民企业以其拥有的资产或股权向其100%直接控股的非居民企业进行投资"的，可选择适用特殊性税务处理政策
	如选择适用特殊性税务处理政策，资产或股权转让收益可以在10个纳税年度内均匀计入各年度应纳税所得额
不适用特殊性税务处理政策	19号公告规定："企业取得财产（包括各类资产、股权、债权等）转让收入、债务重组收入、接受捐赠收入、无法偿付的应付款收入等，不论是以货币形式，还是非货币形式体现，除另有规定外，均应一次性计入确认收入的年度计算缴纳企业所得税。"

（3）居民企业以非货币性资产对外投资，企业所得税处理主要涉及以下事项，如表 2-5 所示。

表 2-5　居民企业以非货币性资产对外投资企业所得税
处理涉及的事项

涉及事项	具体说明
所得的确认	企业以非货币性资产对外投资，应对非货币性资产进行评估，并按评估后的公允价值扣除计税基础后的余额，计算确认非货币性资产转让所得

（续表）

涉及事项	具体说明
计税基础的确认	企业以非货币性资产对外投资而取得被投资企业的股权，应以非货币性资产的原计税成本为计税基础，加上每年确认的非货币性资产转让所得，逐年进行调整
	被投资企业取得非货币性资产的计税基础，应按非货币性资产的公允价值确认
	也就是说，在投资企业股权的计税基础还没有完全调整到位时，被投资企业已经按照公允价值完全实现确认，并可以根据公允价值计提折旧
收入时点的确认	企业以非货币性资产对外投资，应于投资协议生效并办理股权登记手续时，确认非货币性资产转让收入的实现
停止执行的规定	企业在对外投资 5 年内转让上述股权或投资收回的，应停止执行递延纳税政策，并就递延期内尚未确认的非货币性资产转让所得，在转让股权或投资收回当年的企业所得税年度汇算清缴时，一次性计算缴纳企业所得税
	企业在计算股权转让所得时，可按财税〔2014〕116 号文的规定，将股权的计税基础一次性调整到位
	企业在对外投资 5 年内注销的，应停止执行递延纳税政策，并就递延期内尚未确认的非货币性资产转让所得，在注销当年的企业所得税年度汇算清缴时，一次性计算缴纳企业所得税
税收优惠的选择	企业发生非货币性资产投资，符合财税〔2009〕59 号等文件规定的特殊性税务处理条件的，也可选择按特殊性税务处理规定执行

2.1.3　个人所得税

与企业所得税相似，非货币性资产投资的个人所得税政策也经历了几个阶段的演变。

1. 仅考虑纳税能力

与财税字〔1997〕77 号文（已全文废止）相对应，个人所得税在这一阶段也只考虑了纳税人的纳税能力，《关于非货币性资产评估增值暂不征收个人所得税的批复》（国税函〔2005〕319 号，已全文废止）规定：“考虑到个人所得税的特点和目前个人所得税征收管理的实际情况，对个人将非货币性资产进行评估后投资于企业，其评估增值取得的所得在投资取得企业股权时，暂不征收个人所得税。在投资收回、转让或清算股权时如有所得，再按规定征收个人所得税，其‘财产原值’为资产评估前的价值。”

2. 交易分解＋备案＋无分期

2008 年，国家税务总局发布了《关于资产评估增值计征个人所得税问题的通知》（国税发〔2008〕115 号），把非货币性投资分解成投资和财产转让两项业务进行处理，规定"个人以评估增值的非货币性资产对外投资取得股权的，对个人取得相应股权价值高于该资产原值的部分，属于个人所得，按照'财产转让所得'项目计征个人所得税"。

与企业所得税同时考虑到纳税能力有 5 年分期的规定不同，国税发〔2008〕115 号文规定"税款由被投资企业在个人取得股权时代扣代缴"。

同时期，国家税务总局针对某地方税务局提交的《关于个人以股权参与上市公司定向增发有关个人所得税问题的请示》，作出了明确批复："南京浦东建设发展有限公司自然人以其所持该公司股权评估增值后，参与苏宁环球股份有限公司定向增发股票，属于股权转让行为，其取得所得，应按照'财产转让所得'项目缴纳个人所得税。"该批复明确了定向增发股票属于股权转让行为，这与后期的文件精神一致。

3. 交易分解 + 分期

2015 年，财政部、国家税务总局发布了《关于个人非货币性资产投资有关个人所得税政策的通知》（财税〔2015〕41 号），其延续了国税发〔2000〕118 号文的精神，第一条就明确规定"个人以非货币性资产投资，属于个人转让非货币性资产和投资同时发生。对个人转让非货币性资产的所得，应按照'财产转让所得'项目，依法计算缴纳个人所得税"。同时，明确了可分期缴纳税款，规定"个人应在发生上述应税行为的次月 15 日内向主管税务机关申报纳税。纳税人一次性缴税有困难的，可合理确定分期缴纳计划并报主管税务机关备案后，自发生上述应税行为之日起不超过 5 个公历年度内（含）分期缴纳个人所得税"。

以非货币性资产投资的个人所得税处理的相关规定如表 2-6 所示。

表 2-6　**以非货币性资产投资的个人所得税处理的相关规定**

涉及事项	相关规定
范围	非货币性资产,是指现金、银行存款等货币性资产以外的资产,包括股权、不动产、技术发明成果以及其他形式的非货币性资产
	非货币性资产投资,包括以非货币性资产出资设立新的企业,以及以非货币性资产出资参与企业增资扩股、定向增发股票、股权置换、重组改制等投资行为
	可以看出,这里的投资概念内涵广泛,既包括个人用非货币性资产新设投资行为,还包括被投资企业增发股权、上市公司定向增发股票换取自然人持有的非货币性资产,以及企业收购行为、上市公司重大资产重组中的发行股份购买股权行为和重组改制行为
所得的确认	个人以非货币性资产投资,应按评估后的公允价值确认非货币性资产转让收入。非货币性资产转让收入减除该资产原值及合理税费后的余额为应纳税所得额
税目的确认	个人以非货币性资产投资,属于个人转让非货币性资产和投资同时发生。对个人转让非货币性资产的所得,应按照"财产转让所得"项目,依法计算缴纳个人所得税
时点的确认	个人以非货币性资产投资,应于非货币性资产转让、取得被投资企业股权时,确认非货币性资产转让收入的实现
申报及分期规定	个人应在发生上述应税行为的次月 15 日内向主管税务机关申报纳税。纳税人一次性缴税有困难的,可合理确定分期缴纳计划并报主管税务机关备案后,自发生上述应税行为之日起不超过 5 个公历年度内(含)分期缴纳个人所得税
	需要注意的是,应税行为所在的公历年度也应计算在内,这和企业所得税的 5 年表述不一致,其实际上是"1+4"个公历年度;同时,个人所得税只要求在 5 个公历年度内缴清即可,不需要将税款平均到每个纳税年度

（续表）

涉及事项	相关规定
现金补价	个人以非货币性资产投资，在交易过程中取得现金补价的，现金部分应优先用于缴税；现金不足以缴纳的部分，可分期缴纳
	个人在分期缴税期间转让其持有的上述全部或部分股权，并取得现金收入的，该现金收入应优先用于缴纳尚未缴清的税款

2.1.4　土地增值税

当用房地产作为非货币性资产投资时，还可能涉及土地增值税。根据《中华人民共和国土地增值税暂行条例》（以下简称《土地增值税暂行条例》）第二条："转让国有土地使用权、地上的建筑物及其附着物（以下简称转让房地产）并取得收入的单位和个人，为土地增值税的纳税义务人（以下简称纳税人），应当依照本条例缴纳土地增值税。"在房地产作为非货币性资产投资入股的情境下，股东以非货币财产（即房地产）出资，应依法办理财产权转移手续，此行为属于土地增值税的应税行为。

如果股东以住房投资，《关于调整房地产交易环节税收政策的通知》（财税〔2008〕137号）规定："对个人销售住房暂免征收土地增值税。"

2.1.5　印花税

非货币性资产投资的印花税处理规定如下。

第一，投资协议无须缴纳印花税。投资协议作为合同文件，一般被视为双方之间的约定事项，是用来规范投资行为的重要文件。但是，投资协议不属于《中华人民共和国印花税法》（以下简称《印花税法》）列举的应税凭证，因此不需要缴纳印花税。

第二，非货币性资产投资时涉及的产权转移书据，应缴纳印花税。根据《印花税法》及其附件《印花税税目税率表》的规定，产权转移书据涉及的印花税税目及税率如表2-7所示。

表 2-7　产权转移书据涉及的印花税税目及税率

税目	税率
土地使用权出让书据	价款的 0.5‰
土地使用权、房屋等建筑物和构筑物所有权转让书据（不包括土地承包经营权和土地经营权转移）	价款的 0.5‰
股权转让书据（不包括应缴纳证券交易印花税的）	价款的 0.5‰
商标专用权、著作权、专利权、专有技术使用权转让书据	价款的 0.3‰
注：转让包括买卖（出售）、继承、赠与、互换、分割	

　　第三，营业账簿涉及的"实收资本""资本公积"的增加，需要缴纳印花税。以非货币性资产投资入股必然涉及"实收资本"或者"资本公积"的增加。根据相关要求，企业接受投资者投入的资本，借记"银行存款""其他应收款""固定资产""无形资产""长期股权投资"等科目，按其在注册资本或股本中所占份额，贷记"实收资本"科目，按其差额，贷记"资本公积——资本溢价或股本溢价"科目。应税营业账簿的计税依据，为账簿记载的实收资本（股本）、资本公积合计金额，既然实收资本或者资本公积增加了，那就涉及印花税。

《印花税法》第十一条规定："已缴纳印花税的营业账簿，以后年度记载的实收资本（股本）、资本公积合计金额比已缴纳印花税的实收资本（股本）、资本公积合计金额增加的，按照增加部分计算应纳税额。"其税率为实收资本（股本）、资本公积合计金额的 0.25‰。

这里要注意，针对国务院批准实施的重组项目，有一项特别规定，即根据《财政部 税务总局关于企业改制重组及事业单位改制有关印花税政策的公告》（财政部 税务总局公告 2024 年第 14 号）第一条中关于债转股的规定："企业债权转股权新增加的实收资本（股本）、资本公积合计金额，应当按规定缴纳印花税。对经国务院批准实施的重组项目中发生的债权转股权，债务人因债务转为资本而增加的实收资本（股本）、资本公积合计金额，免征印花税。"

另外，如果股东以住房投资，根据《关于调整房地产交易环节税收政策的通知》（财税〔2008〕137 号）的规定，暂免征收印花税。

2.1.6 契税

如果用土地、房屋权属作为非货币性资产进行投资，还涉及契税的问题。《中华人民共和国契税法》（以下简称《契税法》）第二条第三款规定："以作价投资（入股）、偿还债务、划转、奖励等方式转移土地、房屋权属的，应当依照本法规定征收契税。"

契税是以在中华人民共和国境内转移土地、房屋权属，承受的单位和个人为纳税人，因此，对于股东而言，其不属于契税的纳税义务人，被投资企业应按照3%~5%的税率缴纳契税。

契税还涉及一些特殊情形的规定，具体如下所述。

1. 改制

企业按照《公司法》有关规定整体改制，包括非公司制企业改制为有限责任公司或股份有限公司，有限责任公司变更为股份有限公司，股份有限公司变更为有限责任公司，原企业投资主体存续并在改制（变更）后的公司中所持股权（股份）比例超过 75%，且改制（变更）后公司承继原企业权利、义务的，对改制（变更）后公司承受原企业土地、房屋权属，免征契税。该规定有利于"股改"公司在 IPO（首次公开募股）之前引进战略投资者或 PE（私募股权投资）投资者，以满足增大股本或 IPO 对股本的要求。

2. 划转

对承受县级以上人民政府或国有资产管理部门按规定进行行政性调整，划转国有土地、房屋权属的单位，免征契税。

对同一投资主体内部所属企业之间土地、房屋权属的划转，包括母公司与其全资子公司之间，同一公司所属全资子公司之间，同一自然人与其设立的个人独资企业及一人有限公司之间土地、房屋权属的划转，免征契税。

母公司以土地、房屋权属向其全资子公司增资，视同划转，免征契税。

3. 债权转股权

经国务院批准实施债权转股权的企业，对债权转股权后新设立的公司承受原企业的土地、房屋权属，免征契税。

4. 划拨用地出让或作价出资

以出让方式或国家作价出资（入股）方式承受原改制重组企业、事业单位划拨用地的，不属于上述规定的免税范围，对承受方应按规定征收契税。

上述规定涉及的政策文件有《财政部 国家税务总局关于进一步支持企业事业单位改制重组有关契税政策的通知》（财税〔2015〕37号）、《财政部 税务总局关于继续支持企业 事业单位改制重组有关契税政策的通知》（财税〔2018〕17号）、《财政部 税务总局关于继续执行企业 事业单位改制重组有关契税政策的公告》（财政部 税务总局公告2021年第17号）、《财政部 税务总局关于继续实施企业、事业单位改制重组有关契税政策的公告》（财政部 税务总局公告2023年第49号）。这些文件的内容并未有过多调整，主要是执行期限的接力，从 2015 年 1 月 1 日起至 2027 年 12 月 31 日执行。

2.2 细论技术成果投资入股与税收

自 2024 年 7 月 1 日起，新修订的《公司法》（以下简称新《公司法》）开始实施。新《公司法》对有限责任公司出资制度有较大的修改，简单来说是将完全的认缴改为有期限的实缴。这也给税收带来了蝴蝶效应。

2016 年，财政部、国家税务总局发布了《关于完善股权激励和技术入股有关所得税政策的通知》（财税〔2016〕101 号），规定对技术成果投资入股实施选择性税收优惠政策，即递延纳税。

在 2019 年，某市做技术成果递延纳税备案的企业只有一两家，而到了 2024 年上半年，该市做技术成果递延纳税备案的企业就蹿升至几百家，这反映出企业对技术成果投资认同度的提高。下面基于新《公司法》对出资的要求，具体分析技术成果投资入股的涉税问题。

2.2.1 新《公司法》对出资的要求

1. 有限责任公司出资制度

自 1993 年颁布《公司法》以来，有限责任公司出资制度经历了从严到宽，再到相对较严的状态。

（1）1993 年颁布的《公司法》规定出资须一次性缴足，同时设定了较高的注册资本最低限额，还要求非货币出资比例不超过 20% 等。

（2）2005 年修订的《公司法》放宽了对出资的限制，允许注册资本分期在两年（普通公司）或者 5 年（投资公司）内缴足，首期缴纳 20% 即可，同时降低了注册资本最低限额。

（3）2013 年修正的《公司法》对绝大多数公司采取完全认缴制，同时取消对出资期限和最低注册资本的限制，简化了公司登记，鼓励投资，激励创业。

（4）2023 年修订的《公司法》再次将有限公司认缴制拉回到 5 年的限期认缴制，股份公司实行实缴制。具体条款如下：

"第四十七条　有限责任公司的注册资本为在公司登记机关登记的全体股东认缴的出资额。全体股东认缴的出资额由股东按照公司章程的规定自公司成立之日起五年内缴足。

法律、行政法规以及国务院决定对有限责任公司注册资本实缴、注册资本最低限额、股东出资期限另有规定的，从其规定。"

结合《国务院关于实施〈中华人民共和国公司法〉注册资本登记管理制度的规定》第二条第一款："2024 年 6 月 30 日前登记设立的公司，有限责任公司剩余认缴出资期限自 2027 年 7 月 1 日起超过 5 年的，应当在 2027 年 6 月 30 日前将其剩余认缴出资期限调整至 5 年内并记载于公司章程，股东应当在调整后的认缴出资期限内足额缴纳认缴的出资额；股份有限公司的发起人应当在 2027 年 6 月 30 日前按照其认购的股份全额缴纳股款。"有限责任公司的出资按期限分段，具体如下所述。

① 在 2024 年 7 月 1 日之后设立的公司：须设置合理的出资额，并将出资期限设定在自公司成立之日起 5 年内。

② 在 2024 年 7 月 1 日之前设立的公司：办理登记仍适用原《公司法》。

③ 对于在 2024 年 7 月 1 日之前已登记设立的公司，如公司章程规定的出资期限在自公司成立之日起 5 年内，则无须调整；如出资期限超过 5 年，剩余认缴出资期限自 2027 年 7 月 1 日起超过 5 年的，应当在 2027 年 6 月 30 日前将其剩余认缴出资期限调整至 5 年内。

也就是说，对于老公司，认缴金额转实缴从 2024 年算起最长期限是 8 年，留给公司老股东兑现的时间不多了。

2. 出资形式

出资制度宽松时，有些公司动辄认缴数千万元，现在出资制度收紧，眼看着当初的承诺要兑现成真金白银，很多股东都着急了，摆在他们眼前的路似乎只有两条，一是在规定的时间内，老老实实地将资金投入企业；二是务实地去减资。

对于有些企业来说，减资不仅是伤"面子"，更重要的是行业门槛达不到了，企业的经营会因此受到限制。这样看来，好像只有实缴这条路了，但实缴是否一定要用货币呢？答案是否定的。新《公司法》相关规定如下：

"第四十八条　股东可以用货币出资，也可以用实物、知识产权、土地使用权、股权、债权等可以用货币估价并可以依法转让的非货币财产作价出资；但是，法律、行政法规规定不得作为出资的财产除外。

对作为出资的非货币财产应当评估作价，核实财产，不得高估或者低估作价。法律、行政法规对评估作价有规定的，从其规定。"

总体来看，股东出资形式在 1993 年《公司法》制定时即入法，后历经 2005 年、2013 年两次修改。

（1）1993 年颁布的《公司法》只规定了实物、工业产权、非专利技术、土地使用权四种非货币出资形式，且无形资产的出资比例限制在不超过注册资本 20% 的范围内。

（2）2005 年修订的《公司法》主要做了如下修改：

一是不再将非货币出资形式限制在实物、工业产权、非专利技术、土地使用权四种，而是规定凡是可以用货币估价并可以依法转让的非货币财产，都可以用于出资；

二是不再将无形资产的出资比例限制在不超过注册资本 20% 的范围内，而是通过规定货币出资金额不得低于有限责任公司注册资本 30% 的方式，提高了包括专利权、商标权、专有技术等无形资产在内的非货币财产的出资比例。

（3）2013 年修正的《公司法》为了配合资本认缴制的实施，进一步删除了关于全体股东的货币出资金额不得低于有限责任公司注册资本 30% 的规定。

（4）2018 年修正的《公司法》对此未作修改。

（5）2023 年新修订的《公司法》新增了"股权、债权"两种出资形式。从其实质看，符合非货币财产可用于出资之相应法理。

2.2.2　税务处理及优惠政策

从税收的角度来说，投资行为本身是不征税的。但是，如果投资过程中发生了其他行为，那就要分析来看了。例如，上文所说的出资，法律规定可以用货币出资，也可以用非货币财产出资，货币出资从税收角度看就是单纯的投资行为，而非货币出资，非货币财产在出资过程中所有权必然发生了转移，从某个自然人或法人处转移到被投资企业，这是一种财产转让行为，属于应税行为，所涉及的税种包括企业所得税、个人所得税、增值税和印花税。

1. 企业所得税、个人所得税

技术成果投资属于非货币出资，其涉及的企业所得税和个人所得税的具体政策规定，可参见本章 2.1.2 和 2.1.3 的相关内容。下面主要介绍技术成果投资，也就是非货币性资产投资在企业所得税和个人所得税方面的税收优惠。

非货币性资产投资在企业所得税和个人所得税的缴纳上，都有 5 年的时间缓冲，企业所得税是均匀分期缴纳，个人则是 5 年内缴清，不强调均匀。除此之外，针对技术成果投资，国家还出台了选择性税收优惠政策。如前所述，2016 年，财政部、国家税务总局发布了《关于完善股权激励和技术入股有关所得税政策的通知》（财税〔2016〕101 号），相关规定如下：

"（一）企业或个人以技术成果投资入股到境内居民企业，被投资企业支付的对价全部为股票（权）的，企业或

个人可选择继续按现行有关税收政策执行，也可选择适用
递延纳税优惠政策。

选择技术成果投资入股递延纳税政策的，经向主管税
务机关备案，投资入股当期可暂不纳税，允许递延至转让
股权时，按股权转让收入减去技术成果原值和合理税费后
的差额计算缴纳所得税。

（二）企业或个人选择适用上述任一项政策，均允许
被投资企业按技术成果投资入股时的评估值入账并在企业
所得税前摊销扣除。

（三）技术成果是指专利技术（含国防专利）、计算机
软件著作权、集成电路布图设计专有权、植物新品种权、
生物医药新品种，以及科技部、财政部、国家税务总局确
定的其他技术成果。

（四）技术成果投资入股，是指纳税人将技术成果所
有权让渡给被投资企业、取得该企业股票（权）的行为。"

上述政策可以进一步解释为，一项无形资产如果是

技术成果，企业用技术成果投资可以享受以下税收优惠政策。

第一，本次的财产转让所得可以递延。递延是一项很特殊的税务处理，简单来说就是虽然属于财产转让，但是暂时不用交所得税。

第二，本次的技术成果评估价可以同时在被投资企业进行摊销扣除。根据《企业所得税法实施条例》的规定，无形资产应按照直线法计算摊销费用，且摊销年限不得低于 10 年。但这是对无形资产摊销年限的一般性规定。作为投资或受让的无形资产，为了体现无形资产摊销的灵活性，能够更真实地反映无形资产的实际使用情况和价值消耗，若相关法律规定或合同已约定了使用年限，则可以按照相关规定或约定的使用年限进行分期摊销。换句话说，无形资产如果是技术成果，技术成果转让合同上规定几年就按几年分期摊销，不受 10 年最低摊销期限的限制。

纳税人如选择递延纳税，需要提交相关资料，具体要求如表 2-8 所示。

表 2-8　递延纳税资料提交要求

项目	相关规定
资料提交时间	个人：于取得技术成果并支付股权之次月 15 日内
	企业：在投资完成后首次预缴申报时
备案人	个人所得税递延：被投资公司
	企业所得税递延：投资方企业
须提交的资料	个人：《技术成果投资入股个人所得税递延纳税备案表》（附件 3）、技术成果相关证书或证明材料、技术成果投资入股协议、技术成果评估报告等
	企业：企业适用递延纳税政策的，应在投资完成后首次预缴申报时，将相关内容填入《技术成果投资入股企业所得税递延纳税备案表》（附件 5）
主管税务机关	个人：被投资企业所在地主管税务机关
	企业：投资方企业所在地主管税务机关
后续管理	个人因以技术成果投资入股取得的股票（权），实行递延纳税期间，扣缴义务人应于每个纳税年度终了后 30 日内，向主管税务机关报送《个人所得税递延纳税情况年度报告表》
	个人以技术成果投资入股，以取得技术成果的企业为个人所得税扣缴义务人
法律后果	对技术成果投资入股选择适用递延纳税政策的，企业应在规定期限内到主管税务机关办理备案手续
	未办理备案手续的，不得享受递延纳税优惠政策

2. 增值税

根据规定，纳税人提供技术转让、技术开发和与之相关的技术咨询、技术服务可免征增值税，其中就包括技术成果投资。具体政策规定可参见本章 2.1.1 的相关内容。这里主要强调增值税发票开具的相关规定。

根据财税〔2016〕36 号文的规定，技术转让、技术开发和与之相关的技术咨询、技术服务是适用免征增值税规定的应税行为，不得开具增值税专用发票，如果开具，即为放弃免税、减税，此后纳税人 36 个月内不得再申请免税、减税。因此，纳税人发生上述行为，只有在开具增值税普通发票的情况下，才能享受免税政策。

3. 印花税

经过对各税种的梳理，技术成果投资需要交的只有印花税。按照《印花税税目税率表》的规定，为不同类型的技术转让（包括专利权转让、专利申请权转让、专利实施许可和非专利技术转让）所书立的凭证，分别适用不同的税目、税率。其中，专利申请权转让，非专利技术转让所

书立的合同，适用"技术合同"税目，税率为 0.3‰；专
利权转让、专利实施许可所书立的合同、书据，适用"产
权转移书据"税目，税率为 0.5‰。

4. 分期和递延

通过分析财税〔2015〕41 号文和财税〔2016〕101 号
文，我们可以发现，技术成果属于非货币性资产范畴，可
以在 5 年分期缴纳和递延纳税中进行选择，除技术成果之
外的非货币性资产，只能享受 5 年分期缴纳的税收优惠
政策。

纳税期的递延有利于纳税人资金周转，节省利息支
出。递延纳税是一项税收优惠，纳税人根据税法的规定可
将纳税时点推迟一定期限。递延纳税虽不一定能减少应纳
税额，但纳税期的推迟可以使纳税人无偿使用这笔款项而
不需要支付利息，这对纳税人来说等于降低了税收负担。

具体到技术成果投资入股，从实际来看，纳税人此时
取得的只是股权形式的所得，没有现金流，纳税存在一定
困难。递延纳税正是针对以上情况，将纳税时点递延至股

权转让环节，即纳税人因技术成果投资入股取得股权时先不纳税，待实际转让股权时再按照相关规定计算缴纳。递延纳税的好处是可以缓解纳税人纳税义务发生当期缺乏现金流缴税的压力。

从定义上看，似乎5年分期和递延纳税的区别只在时间上，5年有个固定的时间期限，递延是以达到某一条件为期限，什么时候发生下一次股权转让什么时候缴税。细究则不然，财税〔2016〕101号文对递延的描述是"选择技术成果投资入股递延纳税政策的，经向主管税务机关备案，投资入股当期可暂不纳税，允许递延至转让股权时，按股权转让收入减去技术成果原值和合理税费后的差额计算缴纳所得税"。也就是说，递延到下次转让时的收入并不是当期的协议收入，这更有利于纳税人抵抗市场风险。

【例1】

李某2023年9月以其所有的某项专利技术投资作价100万元入股A企业，获得A企业股票50万股，占企业股本的5%。李某发明该项专利技术的成本为

20万元，入股时发生评估费及其他合理税费共10万元。假设李某后来将这部分股权以200万元卖掉，转让时发生税费15万元，李某应如何计算纳税？

解析：李某以专利技术投资入股，有两种税务处理方式：一是选择5年分期缴纳；二是选择递延纳税，专利技术投资入股时不计税，待转让这部分股权时，直接以股权转让收入扣除专利技术的财产原值和合理税费的差额计算个人所得税。这两种方式下应纳税额的计算如下。

1.选择5年分期缴纳

按照5年分期政策，李某在入股当期，需要对专利技术转让收入扣除专利技术财产原值和相关税费的差额计算个人所得税，并在当期或分5年缴纳。因此，李某技术入股当期和转让股权时都需要缴纳个人所得税，应纳税额的计算公式为：

技术入股当期的应纳税额＝（100−20−10）×20%
＝14（万元）

转让股权时的应纳税额＝（200−100−15）×20%
＝17（万元）

两次合计，李某共计应缴纳个人所得税 31 万元。

2. 选择递延纳税

李某技术入股当期无须缴纳税款，待转让该部分股权时一次性缴纳。股权转让时应纳税额的计算公式为：

应纳税额 = $[200-(20+10)-15] \times 20\% = 31$（万元）

虽然李某应缴纳的个人所得税与原来一样，但其在入股当期无须纳税，待股权转让时再缴纳，这会大大减轻李某的当前纳税压力和资金压力。

【例2】

沿用例1，若李某选择递延纳税后，最终仅以 40 万元合理价格将股权卖掉，假设转让股权时税费为 5 万元，则李某该如何缴纳个人所得税呢？

解析：

李某选择递延纳税后，在转让股权时，应按照转让收入扣除技术成果原值及合理税费后的余额，计算缴纳个人所得税：

应纳税额＝［40－（20+10）－5］×20%=1（万元）

李某的股权转让收入虽然较当初专利技术投资时的作价降低了，但其仍可根据股权转让实际收入计算个人所得税，这就大大降低了李某技术成果投资入股的风险。

通过上述举例我们可以看到，递延纳税的好处不仅包括时间性优惠，更重要的是当被投资企业经营不善时，递延纳税站在了未来时点去考虑纳税义务，所以从实质上说，递延纳税相当于免除了本次的技术成果入股中的财产转让所得。

2.2.3 技术合同认定

要享受技术成果投资的各项优惠政策，投资人或者被投资企业需要向税务机关提供两类资料：享受增值税税收优惠，需要提供技术合同认定资料；享受所得税税收优惠，需要提供递延备案资料。

技术合同是指当事人就技术开发、转让、许可、咨询或者服务订立的确立相互之间权利和义务的合同，简称"五技合同"。具体如表 2-9 所示。

表 2-9　技术合同的类别

类别	说明
技术开发合同	指当事人之间就新技术、新产品、新工艺、新品种或者新材料及其系统的研究开发所订立的合同
	具体包括委托开发合同和合作开发合同
技术转让合同	指合法拥有技术的权利人，将现有特定的专利、专利申请、技术秘密的相关权利让与他人所订立的合同
	具体包括专利权转让、专利申请权转让、技术秘密转让等合同
技术许可合同	指合法拥有技术的权利人，将现有特定的专利、技术秘密的相关权利许可他人实施、使用所订立的合同
	具体包括专利实施许可、技术秘密使用许可等合同
技术咨询合同	指当事人一方以技术知识为对方就特定技术项目提供可行性论证、技术预测、专题技术调查、分析评价报告等所订立的合同
技术服务合同	指当事人一方以技术知识为对方解决特定技术问题所订立的合同
	不包括承揽合同和建设工程合同

技术合同认定登记是技术合同认定登记机构（点）根据《中华人民共和国民法典》（以下简称《民法典》）及

《技术合同认定登记管理办法》《技术合同认定规则》对当事人申请认定登记的合同文本从形式上、技术上进行核查，对其是否符合技术合同认定登记要求以及属于何种技术合同做出结论，并核定技术交易额（技术性收入）的专项管理工作。

根据《技术合同认定规则》的规定，申请认定登记的技术合同应当是依法已经生效的合同。全国技术合同认定登记归科学技术行政部门管理，技术进出口合同认定登记归商务主管部门管理。

下面以某市办理技术合同认定登记为例，介绍技术合同认定登记的相关要求及流程，如表 2-10 所示。

表 2-10　技术合同认定登记的相关要求及流程示例

项目	具体说明
办理时间	常年可以办理，从正式受理起 20 个工作日完成认定登记
	卖方一次性登记
审查提交材料	技术合同原件（一份）、复印件及相关的附件材料（两份）
	注：第一次认定需携带介绍信及企业营业执照进行用户注册登记

（续表）

项目	具体说明
审查内容	资料是否齐全、规范、有效
	合同标的是否具体、明确
	判定技术合同所属类别
	核定技术性收入
审查流程	免税类技术合同按照以下流程进行办理，非免税类技术合同由认定登记机构出具省技术合同认定登记证明
	（1）提交资料：申请单位向技术合同认定登记机构网上申报后提交资料，经技术合同认定登记机构审查合格后，批准上报市技术市场管理办公室
	（2）复审上报：市技术市场管理办公室复审合格后，汇总形成文件，上报省科学技术厅
	（3）报送省厅：省科学技术厅审核合格后，出具省科学技术厅技术合同审核文件
	（4）下发文件：市技术市场管理办公室将省科学技术厅技术合同审核文件下发各登记机构
	（5）办理免税：企业领取合同盖章原件、省技术合同认定登记证明和省科学技术厅技术合同审核文件，办理免税

2.2.4　专利技术分类

根据我国专利法对专利的分类，专利技术主要包括发明专利和实用新型专利所保护的技术。因此，并非只有技术水平较高，有较大革命性突破或者是有系列的研究发明才可以申请专利保护。只要有技术上的突破，能够解决一类问题并且带来效益的技术，就可以申请专利。

这里要注意一点，专利类型区别于专利技术。我国的专利类型有三种：发明专利、实用新型专利和外观设计专利。其中，外观设计专利因为保护的是新设计，而非技术。所以，从严格意义上说，外观设计专利应称为专利设计，而不是专利技术。外观设计专利经过评估入股，属于非货币性资产投资，但无法享受递延纳税的优惠政策，因为其不属于技术入股的范畴。

手握技术成果并非难事，但从税收角度而言，大家更关注的是一项被转让的技术成果到底值不值钱，值多少钱。

2.2.5 出具评估报告

根据规定，纳税人以技术成果投资入股境内公司并选择递延纳税的，需要向主管税务机关报送所得税递延纳税备案表、技术成果相关证书或证明材料、技术成果投资入股协议、技术成果评估报告等资料。自然人、法人或者其他组织需要确定评估对象价值的，可以自愿委托评估机构评估。涉及国有资产或者公共利益等事项，法律、行政法规规定需要评估的，应当依法委托评估机构评估。也就是说，一项技术成果的价值，需要评估之后才能被确认，要由专门的评估机构出具评估报告。

1. 评估报告的出具规定

根据《中华人民共和国资产评估法》（以下简称《资产评估法》）的规定，资产评估行业实行自律管理。我国资产评估行业协会的名称是中国资产评估协会（以下简称中评协）。为切实维护委托人合法利益，保障资产评估机构和资产评估师合法权益，进一步提升资产评估行业社会公信力，预防和打击涉及资产评估业务的违法违规行为，中评协下发了《中国资产评估协会资产评估业务报备管理办法》，要求资产评估机构应当在向委托人提交正式报告前，通过资产评估业务报备管理系统，录入有关业务基本信息并上传资产评估委托合同扫描件和资产评估报告电子版。因此，在中评协备案的评估报告，是作为真实报告的必要条件。

税务机关在判断技术成果评估报告真实性时，会根据《中国资产评估协会资产评估业务报备管理办法》第六条的规定核查报告扉页。该管理办法第六条规定："资产评估机构完成业务报备后，业务报备管理系统会自动生成报告备案回执。资产评估机构应当打印带有二维码的报告备案回执并装订在出具报告的扉页位置。"因此，法定资产评估报告必须在中评协备案并生成二维码放在报告扉页上。

2. 虚假评估报告

2023 年《公司法》修订后，认缴变实缴成了股东的切实需求，市场上一些不良中介盯上了技术成果投资入股这项政策，自称可以提供"一条龙服务"——从出具技术成果评估报告到完成递延纳税备案，而且收费低廉。

个别企业相信了这些机构，认为这样做一本万利，既解决了实缴，还实打实享受了税收优惠（增值税免了，所得税递延了，无形资产在被投资企业所得税前摊销了）。于是，双方一拍即合，达成了交易。可天下哪有这么便宜的买卖，一项无形资产的评估价值确认不能如此随心所欲，按照甲方的心意来定。注册资产评估师执行无形资产评估业务，应当根据评估目的、评估对象、价值类型、资料收集情况等相关条件，分析收益法、市场法和成本法三种资产评估基本方法的适用性，恰当选择一种或者多种资产评估方法。

专利评估收费有一定的标准，一般根据评估价值收费，不良中介怎么能低价拿到价值几千万元的评估报告呢？不外乎造假，即捏造一份假的评估报告，或扉页上没有可经查验的二维码；或自造一个二维码，赌企业不去查验；或二维码扫出来后在不起眼的地方标注自己机构的名称，而不是中评协的认定；或评估报告内容不实，如评估报告虽然在中评协备案了，但价值认定不实，把价值500万元的评估认定为价值 2 000 万元。

根据国家税务总局公告 2016 年第 62 号的规定，企业接受技术成果投资入股，技术成果评估值明显不合理的，主管税务机关有权进行调整。也就是说，这个"明显不合理"的自由裁量权给了税务机关。

3. 虚假备案的法律责任

纳税人提供虚假评估报告，即虚假备案是要承担法律责任的。我们先看税务方面的规定，根据《税收征收管理法》第六十四条："纳税人、扣缴义务人编造虚假计税依据的，由税务机关责令限期改正，并处五万元以下的罚款。"

很多人都不清楚如何认定编造虚假计税依据和偷税，二者有何区别，也有人向国家税务总局咨询过类似问题，具体问题和国家税务总局的回复意见如下。

问题：《税收征收管理法》第六十三条将进行虚假纳税申报定性为偷税，将编造虚假计税依据另行定性，请问二者区别在哪里？在实际工作中分别如何适用？

国家税务总局的回复意见：

您好！

您在我们网站上提交的纳税咨询问题收悉，现针对您所提供的信息简要回复如下。

根据《税收征收管理法》第六十三条，进行虚假的纳税申报，不缴或者少缴应纳税款的，是偷税。本条进行虚假的纳税申报是手段，不缴或者少缴应纳税款是结果，即既有行为又有结果的，是偷税。《税收征收管理法》第六十四条第一款关于纳税人、扣缴义务人编造虚假计税依据的规定，强调的是采取编造虚假计税依据的手段，而没有规定行为的结果，即只有行为没有结果的，适用第六十四条。

这两条的区别就在于采取了相同的手段，但造成的结果不同。一个是造成了少缴或不缴应纳税款的结果，另一个则没有造成少缴或不缴应纳税款的结果。因此，在实际工作中，可以根据有无少缴或不缴应纳税款的事实来认定相关行为是适用《税收征收管理法》第六十三条还是第六十四条。

4. 出具虚假评估报告的法律责任

实务中，出具虚假评估报告的情形主要有以下两种。

第一种，拥有评估资质的专业人员、具备专业评估能力的评估机构为了不当获利，明知委托人提供的评估材料不真实，委托人实际委托评估的对象与评估合同约定的评估内容、范围不一致，故意选用不当的评估方式或是参数，进行评估并输出评估报告。

第二种，评估方本身就不具备专业的评估能力，为了获取不当的评估利益，在很难提供可靠且专业的评估结论的情况下，为委托人提供虚假的评估报告。这种评估报告基本不会提交到中评协备案。

根据《资产评估法》的规定，评估专业人员、评估机构违法违规操作，出具虚假评估报告的，须承担相应法律责任。

《资产评估法》第四十四条："评估专业人员违反本法规定，有下列情形之一的，由有关评估行政管理部门予以警告，可以责令停止从业六个月以上一年以下；有违法所得的，没收违法所得；情节严重的，责令停止从业一年以上五年以下；构成犯罪的，依法追究刑事责任：

（一）私自接受委托从事业务、收取费用的；

（二）同时在两个以上评估机构从事业务的；

（三）采用欺骗、利诱、胁迫，或者贬损、诋毁其他评估专业人员等不正当手段招揽业务的；

（四）允许他人以本人名义从事业务，或者冒用他人名义从事业务的；

（五）签署本人未承办业务的评估报告或者有重大遗漏的评估报告的；

（六）索要、收受或者变相索要、收受合同约定以外的酬金、财物，或者谋取其他不正当利益的。"

《资产评估法》第四十五条："评估专业人员违反本法规定，签署虚假评估报告的，由有关评估行政管理部门责令停止从业两年以上五年以下；有违法所得的，没收违法所得；情节严重的，责令停止从业五年以上十年以下；构成犯罪的，依法追究刑事责任，终身不得从事评估业务。"

《资产评估法》第四十八条："评估机构违反本法规定，出具虚假评估报告的，由有关评估行政管理部门责令停业六个月以上一年以下；有违法所得的，没收违法所得，并处违法所得一倍以上五倍以下罚款；情节严重的，由工商行政管理部门吊销营业执照；构成犯罪的，依法追究刑事责任。"

 案例链接：

林某国提供虚假证明文件案

2020年，某市国投公司因子公司的融资问题需由政府征收提供融资担保的某大厦。2020年10月，国投公司工作人员曾某（子公司法定代表人）接受指示负责涉案大厦的评估事务，曾某找到福建某资产评估公司莆田分公司负责人林某钦，由其安排评估人员戴某对大厦进行初评，评估价格为 6 000 多万元，但曾某要求将评估价格调高至 8 000 万元以上。经协商，双方确定评估价格不超过 8 000 万元，该项评估由林某钦所属公司的总公司（以下简称 A 评估公司）承接。

2020 年 10 月 28 日，A 评估公司参与该项评估竞标并中标。中标后，林某钦将该项评估工作交给同公司被告人林某国，林某国多次按照曾某、林某钦的要求，指示戴某通过编造数据将评估价格调高。后戴某出具了市场价格为 7 882.10 万元的评估报告，由林某国提交 A 评估公司审核。A 评估公司经审核后发现评估价格偏高，后经林某国与该公司负责人多次协商，最终该公司未经数据材料核实、实地勘验等，仍使用两名挂靠评估师资质审核通过并出具了市场价格为 7 882.10 万元的评估报告。

2021 年 1 月 12 日，某市政府依据上述评估报告对大厦进行征收，征收补偿总价为 7 825 万元，该款项被用于偿还融资、借款本息等。后经某市发改委鉴定，上述大厦以 2020 年 10 月 10 日为基准日的市场价格是 3 840.40 万元。A 评估公司出具的评估报告存在严重造假，给国有资产带来了巨大损失。

当地市中级人民法院、区人民法院经审理认为，被告人林某国作为承担资产评估职责的中介组织的人员，明知实际勘察评估的价格，仍伙同他人编造数据、参考虚假实例等，故意提供虚假证明文件，情节严重，其行为已构成提供虚假证明文件罪。据此，以提供虚假证明文件罪判处被告人林某国有期徒刑二年，并处罚金人民币三万元。

03

第 3 章
企业破产中的涉税问题

在市场经济的大潮中，那些"不会游泳或者游泳水平不高、耐力不够"的企业，早晚会被淘汰。方生方死，方死方生，这都是市场经济的一种正常状态。

企业经营得不好，很可能会走向破产。破产是一个企业消亡的过程，这个过程会有一系列的问题，税收就是其中之一。《中华人民共和国企业破产法》（以下简称《企业破产法》）作为私法领域的一个法律，主要关注的是企业的破产程序，对破产过程中的涉税处理鲜有涉及。

税法属于公法领域的法律，其关注更多的是对正常经营企业的税收征收和管理，对企业破产过程税收问题的规定，散见于国家税务总局的各种行政规章和规范性文件中。

3.1　企业破产中各方的法律地位

3.1.1　欠税在法律中的认定

债权是民事法律关系的概念，交易的双方买卖商品、租赁房屋、交通运输等，都构成债权债务关系。债权是平等主体之间产生的由民法调整的法律关系。

欠税是否构成国家与欠税纳税人之间的债权债务关系，很长一段时间以来，在理论界和实务界都颇有争议。税是由国家依照相关的行政法律法规强制征收的，它不是平等主体之间因为交易而形成的债权债务关系，这也是税独有的特点。但从目前的民事法律规定来看，如《企业破产法》在关于债权人会议及企业破产债权清偿顺序的相关条款中，均将欠税认定为一种债权。同时，最高人民法院也在相关规定与批复中确认了企业破产前欠缴税款产生的滞纳金属于债权的范畴。

所以，欠税是否属于民事法律制度上的债权，目前已盖棺定论。但欠税毕竟和普通债权有区别，它属于特殊债权。

第一，它不属于平等主体之间依据民法而产生的债权债务关系，欠税产生的依据是行政法的规定。

第二，欠税的债权人是国家。

第三，税收作为债权，其目的是保证国家税收的安全。

所谓的欠税，根据《欠税公告办法（试行）》第三条的规定："欠税是指纳税人超过税收法律、行政法规规定的期限或者纳税人超过税务机关依照税收法律、行政法规规定确定的纳税期限（以下简称税款缴纳期限）未缴纳的税款，包括：

（一）办理纳税申报后，纳税人未在税款缴纳期限内缴纳的税款；

（二）经批准延期缴纳的税款期限已满，纳税人未在税款缴纳期限内缴纳的税款；

（三）税务检查已查定纳税人的应补税额，纳税人未在税款缴纳期限内缴纳的税款；

（四）税务机关根据《税收征管法》第二十七条、第三十五条核定纳税人的应纳税额，纳税人未在税款缴纳期限内缴纳的税款；

（五）纳税人的其他未在税款缴纳期限内缴纳的税款。"

（注：上述条款中的《税收征管法》即《税收征收管理法》。）

3.1.2　企业破产中税务机关的法律地位

在企业破产过程中，参与到企业破产中的所有债权人，均为民事法律关系的主体，税务机关作为公债权的代表，此时已经不是行政执法的主体，而是代表国家行使债权人权利的债权人，与其他债权人是平等的，没有什么区别。

1. 税务机关的破产申请权

《企业破产法》第七条规定："债务人不能清偿到期债务，债权人可以向人民法院提出对债务人进行重整或者破产清算的申请。"该条款并未将债权区分为公债权与私债权，换句话说，只要是债权，不论是公债权还是私债权，都包含在该条款所称的债权之内。

因此，依据上述法律规定，如果企业到期不能清偿欠税，税务机关就可以作为债权人，向法院提出对企业进行重整或者破产清算的申请。

2. 有权提出破产申请的税务机关

根据税收征收管理工作的需要，税务机关分为管理局和稽查局。管理局主要负责所管辖企业的日常税务管理工作，如纳税服务、非正常户的认定、税务风险的核查、发票的管理、欠税的管理、税务行政复议等；稽查局主要负责企业税务检查。

无论是管理局还是稽查局，都可能遇到企业欠税问

企业涉税业务难点分析与破解

题。企业进行了正常的申报，而税款没有按期入库形成的
欠税，由管理局负责清缴；稽查局对企业进行检查后，确
认企业少交了税款，责令企业限期缴纳，在限期内，企业
没有缴纳税款形成的欠税，由稽查局负责催缴。因此，无
论是管理局还是稽查局，都具有以债权人的身份，申请企
业破产的权利。

下面是某公司虚开发票后未缴纳税款及罚款，税务稽
查局向法院申请该公司破产清算的案例，可供参考。

 案例链接：

税务稽查局向法院申请某公司破产清算案

申请人：温州市税务稽查局

被申请人：温州市 H 鞋业有限公司

申请人温州市税务稽查局以被申请人温州市 H 鞋
业有限公司（以下简称 H 公司）不能清偿到期债务且
明显缺乏清偿能力为由，向法院申请对其进行破产清
算，法院向被申请人送达了异议通知书，被申请人未

对破产清算提出异议。

法院查明：H公司成立于2018年12月14日，登记机关为温州市某区市场监督管理局，公司登记状态为存续，企业类型为有限责任公司（自然人独资），注册资本30万元人民币，股东叶某认缴出资30万元，占股100%。

2023年7月3日，温州市税务稽查局出具税务处罚决定书，对被申请人虚开增值税发票行为处以50 000元罚款。另被申请人欠缴增值税61 673.43元、城市维护建设税2 861.67元、教育费附加1 202.54元、地方教育附加801.69元、印花税84.49元，合计欠税66 623.82元。

截至2024年6月12日，被申请人未缴纳上述税款及罚款合计116 623.82元。申请人分别向温州市不动产登记服务中心、车辆管理部门和中国××银行股份有限公司查询被申请人名下的财产情况，未发现任何财产线索。

法院认为，被申请人在温州市某区市场监督管理局注册登记，且其主要办事机构在温州市某区人民法院辖区内，根据《最高人民法院关于审理企业破产案件若干问题的规定》第二条规定，温州市某区人民法院依法对被申请人的破产清算案件具有管辖权。根据《中华人民共和国民事诉讼法》第三十九条第一款、《最高人民法院关于审理企业破产案件若干问题的规定》第三条规定，上级人民法院有权审理下级人民法院管辖的企业破产案件。因此，该法院依法对被申请人的破产清算案件具有管辖权。

被申请人的企业类型为有限责任公司，属于企业法人，其破产主体适格。申请人依据查明的事实向被申请人出具税务处罚决定书，被申请人一直未能履行上述缴纳税款及罚款的义务，已明显缺乏清偿能力。H公司在法定异议期内对申请人的破产清算申请未提出异议。

综上，法院认为H公司已经具备破产原因。依照相关法律规定，作出如下裁定：

受理温州市税务稽查局对H公司的破产清算申请。

裁定自即日起生效。

3.税务机关可以申请破产的种类

企业破产的方式主要有三种：破产清算、债权人与债务人达成和解、企业重整。

从《企业破产法》的规定来看，法律并没有限制公债权破产申请人申请破产的种类，换句话说，从破产发生来讲，税务机关可以申请所有类型的破产。但实际情况是，税务机关在申请企业破产清算前，一定是穷尽了所有手段仍然无法追缴企业所欠的税款，才不得不对企业提出破产清算。因此，和解与重整在税务机关所提出的欠税破产申请中基本不存在。更何况无论是和解还是重整，都可能涉及税收债权的减免问题，而无论是税务稽查局还是管理局，都没有税收债权减免的权利。对于债务人和其他债权人所提出的和解与重整，在保证国家税款安全的情况下，税务机关不会提出反对意见。

以下是某公司与税务机关等债权人达成和解，法院裁定终结破产程序的案例，可供参考。

案例链接：

法院裁定企业破产程序终结案

江苏某法院于 2023 年 4 月 25 日裁定受理昆山 Z 机械设备有限公司（以下简称 Z 公司）破产清算一案，并指定 S 会计师事务所（特殊普通合伙）担任 Z 公司破产管理人。2023 年 10 月 27 日，债务人 Z 公司向法院提交申请，称已全部清偿申请人田某债务，同时已经与其他债权人自行达成协议，故申请法院裁定认可和解协议并终结破产程序。

法院查明：根据管理人报告及债务人提交的材料，管理人审查认定了两家债权人，确认债权金额为 712 969.97 元，其中税收债权 189 603.32 元，社保债权 127 670.93 元，普通债权 395 695.72 元。

债务人 Z 公司已经全部清偿申请人田某债务，且债务人 Z 公司以及债务人股东陆某、李某、潘某均已和债权人中国 J 银行昆山分行、昆山市税务局自行达成和解，并且均已分别签订了和解协议。故 Z 公司及管理人请求裁定认可自行达成的和解协议并申请终结破产程序。

法院认为，人民法院受理破产申请后，债务人与全体债权人就债权债务的处理自行达成协议的，可以请求人民法院裁定认可，并终结破产程序。本案中，债务人Z公司及其股东与债权人中国J银行昆山分行、昆山市税务局均已自行达成和解协议，系各方真实意思表示，不违反法律规定，应予认可。

依照相关法律规定，法院作出如下裁定：

一、认可昆山Z公司及其股东陆某、李某、潘某分别与债权人中国J银行昆山分行、昆山市税务局自行达成的和解协议；

二、终结昆山Z公司破产程序。

裁定自即日起生效。

3.1.3　企业破产中管理人的法律地位

在企业破产过程中，破产管理人扮演着非常重要的角色。

　　根据《企业破产法》的规定，企业一旦进入破产程序，企业的财产、印章、账簿及文书等资料由管理人接管，内部管理事务由管理人决定，财产由管理人管理和处分。换句话说，企业的大小事务，无论是内部的还是外部的，都由管理人全权负责。就此而言，企业的涉税事务也应当由管理人负责。尽管《企业破产法》所列举的管理人职责范围中没有涉税事项，但这不影响管理人处理涉税事务。

　　道理很简单，如果没有管理人处理涉税事务，企业的整个破产程序就无法顺利进行。例如，财产拍卖过程中发票的开具，不动产过户所需的税收手续办理等，都要由管理人负责。

　　《国家税务总局关于税收征管若干事项的公告》（国家税务总局公告 2019 年第 48 号）规定："在人民法院裁定受理破产申请之日至企业注销之日期间，企业应当接受税务机关的税务管理，履行税法规定的相关义务。破产程序中如发生应税情形，应按规定申报纳税。

从人民法院指定管理人之日起，管理人可以按照《中华人民共和国企业破产法》（以下简称企业破产法）第二十五条规定，以企业名义办理纳税申报等涉税事宜。

企业因继续履行合同、生产经营或处置财产需要开具发票的，管理人可以以企业名义按规定申领开具发票或者代开发票。"

3.2　企业破产中的税务处理

3.2.1　税收债权优先

企业破产所欠税款属于债权，被称为税收债权。税收债权属于国家所有，将其视为债权，是为了提供公共产品和公共服务，满足公众的社会需要，因而与企业的其他债权有不同之处。这个不同之处主要表现在税收债权优先于其他普通债权，简单来说，就是企业破产资产处置后，在债权的清偿顺序方面，税收债权要排在其他普通债权之前。

根据《企业破产法》第一百一十三条："破产财产在优先清偿破产费用和公益债务后，依照下列顺序清偿：

（一）破产人所欠职工的工资和医疗、伤残补助、抚恤费用，所欠的应当划入职工个人账户的基本养老保险、基本医疗保险费用，以及法律、行政法规规定应当支付给职工的补偿金；

（二）破产人欠缴的除前项规定以外的社会保险费用和破产人所欠税款；

（三）普通破产债权。"

这里要强调一点，税收债权相较于企业的普通债权，在破产中享有优先地位，但是对有担保的债权是否具有优先权，目前尚存在争论。根据《税收征收管理法》第四十五条："税务机关征收税款，税收优先于无担保债权，法律另有规定的除外；纳税人欠缴的税款发生在纳税人以其财产设定抵押、质押或者纳税人的财产被留置之前的，税收应当先于抵押权、质权、留置权执行……税务机关应当对纳税人欠缴税款的情况定期予以公告。"可以看出，有担保的债权是否具有优先权，关键看时间的先后，担保在欠税之前则担保优先，担保在欠税之后则税款优先。

法律做出这一规定的目的在于保障国家税款的安全，防止纳税人利用担保条款偷逃税款。同时，为了保障私人财产权，《税收征收管理法》第四十五条为税务机关设定了定期发布欠税公告的义务，第四十六条为债务人设定了在担保时对自己的欠税情况进行说明的义务，以及赋予了担保人在设定担保时向税务机关查询债务人欠税情况的权利。

《企业破产法》虽然规定了破产的清偿顺序，但没有涉及担保债权的问题。之所以没有将担保债权列入破产清偿的程序，是因为担保债权有优先受偿的权利，可以单独及时受偿，因而不参与破产清偿。这在《企业破产法》第三十七条中得到了体现："人民法院受理破产申请后，管理人可以通过清偿债务或者提供为债权人接受的担保，取回质物、留置物。"

显然，这里《企业破产法》的规定与《税收征收管理法》的规定发生了冲突。根据《中华人民共和国立法法》（以下简称《立法法》）的规定，解决法律之间冲突的原则是新法优于旧法，特别法优于一般法。《税收征收管理法》于 1992 年颁布实施，《企业破产法》于 2006 年颁布实施，从法律颁布实施的时间来看，《企业破产法》属于新法，《税收征收管理法》属于旧法；《企业破产法》属于特别法，《税收征收管理法》属于一般法。因此，在企业的破产过程中，应当优先适用《企业破产法》。但是，如果担保人在明知企业经营困难且欠税的情况下，仍然设定担保，则担保债权是否优先值得商榷。

3.2.2 税收滞纳金

企业破产时欠税会形成滞纳金，滞纳金相当于企业占用国家税款的利息。其中的道理非常简单，企业从银行贷款要支付利息，从其他企业借款也要支付利息，那么占用国家税款自然应当支付利息，这个利息实际上就是滞纳金。

1. 滞纳金是否享有优先权

《最高人民法院关于税务机关就破产企业欠缴税款产生的滞纳金提起的债权确认之诉应否受理问题的批复》（法释〔2012〕9号）规定："破产企业在破产案件受理前因欠缴税款产生的滞纳金属于普通破产债权。"简单来说，最高人民法院认为，破产企业在破产的过程中，滞纳金只是普通债权，不享有与税款相同的优先权。

《国家税务总局关于税收征管若干事项的公告》（国家税务总局公告2019年第48号）规定："企业所欠税款、滞纳金、因特别纳税调整产生的利息，税务机关按照企业破产法相关规定进行申报，其中，企业所欠的滞纳金、因特别纳税调整产生的利息按照普通破产债权申报。"该规定相当于认可了最高人民法院在企业破产过程中，将税收滞纳金作为普通债权不享有优先权的立场。

2. 滞纳金的计算截止日

《税收征收管理法》第三十二条规定："纳税人未按照规定期限缴纳税款的，扣缴义务人未按照规定期限解缴税款的，税务机关除责令限期缴纳外，从滞纳税款之日起，按日加收滞纳税款万分之五的滞纳金。"但《企业破产法》第四十六条规定："未到期的债权，在破产申请受理时视为到期。附利息的债权自破产申请受理时起停止计息。"换句话说，按《企业破产法》的规定，作为普通债权的滞纳金，只能计算到法院破产申请受理时，而不是税款入库之日。而按照《立法法》处理法律冲突特别法优于一般法的原则，滞纳金的计算截止日应当适用《企业破产法》的规定。

国家税务总局公告 2019 年第 48 号规定："企业所欠税款、滞纳金、罚款，以及因特别纳税调整产生的利息，以人民法院裁定受理破产申请之日为截止日计算确定。"可见，国家税务总局也认可《企业破产法》关于企业破产受理时，滞纳金停止计算的规定。

3. 税收滞纳金能否超过本金

税务机关之所以要参与到破产企业的清算过程中，是因为破产企业有欠税，欠税会产生滞纳金，这也就有了滞纳金能否超过欠税本金的争论。

根据《税收征收管理法》的规定，滞纳金的加收是从欠税之日起到税款入库之日止，按日加收万分之五。将此比例换算成利率大约是年息18.25%，也就是说，一笔欠税如果5年没有缴纳，大体就超过了本金。而按照《中华人民共和国行政强制法》（以下简称《行政强制法》）第四十五条的规定："行政机关依法作出金钱给付义务的行政决定，当事人逾期不履行的，行政机关可以依法加处罚款或者滞纳金。加处罚款或者滞纳金的标准应当告知当事人。加处罚款或者滞纳金的数额不得超出金钱给付义务的数额。"

因此，对于滞纳金能否超过所欠税款，无论是理论上还是实践中一直存在着争论。争论的焦点在于税收滞纳金是否具有惩罚性？如果具有惩罚性，那么它就应当受到《行政强制法》的约束，不能超过本金；如果仅仅是税收利息性质的，则不属于《行政强制法》上的滞纳金，可以超过欠税本金。

最高人民法院案例库曾公布一起关于滞纳金能否超出所欠税款的典型案件，案件中，税务机关请求将破产企业税款和滞纳金全额在企业破产债权中予以确认，但该请求被法院终审驳回了，法院仅支持税款本金和不超过税款本金部分的滞纳金在企业破产债权中确认。具体内容如下。

 案例链接：

国家税务总局南京市某区税务局诉南京某公司
破产债权确认纠纷案

原告国家税务总局南京市某区税务局诉称：2015年12月14日，南京某公司（以下简称某公司）经法院裁定受理破产清算。国家税务总局南京市某区税务局（以下简称某税务局）向管理人申报债权共计690 909.24元，其中税款343 479.61元，滞纳金347 429.63元。2022年9月1日，原告收到管理人送达的《债权申报初审函》，载明：全额确认税款债权 343 479.61 元，确认滞纳金普通债权 343 479.61 元，对税收滞纳金超税款本金部分 3 950.02 元不予确认。原告认为管理人对超税款本金部分的滞纳金不予确认为破产债权违反法律规定，对于确认税款滞纳金的数额不能以《中华人民共和国行政强制法》（以下简称行政强制法）为依据，应依据《中华人民共和国税收征收管理法》（以下简称税收征管法）作出认定。请求：判决确认某税务局对某公司所欠税款对应的滞纳金 3 950.02 元享有破产债权。

被告某公司辩称：行政强制法是一部规范所有行政机关实施行政强制行为的法律，税务机关的行政强制行为应属于行政强制法调整范围。税收征管法与行政强制法既是特别法与一般法的关系，也是新法与旧法的关系。若仅从特别法优于一般法的角度来理解行政强制法与税收征管法的关系，并以此为依据确认滞纳金只能适用税收征管法是不全面的。行政强制法第四十五条第二款规定加处罚款或者滞纳金不得超出金钱给付义务的数额，这是法律强制性规定，且对滞纳金上限加以限制更有利于国家及时征收税款。综上，请求依法驳回某税务局的诉讼请求。

法院经审理查明：2015年12月14日，法院作出（2015）江宁商破字第17号民事裁定，裁定受理对某公司的破产清算申请。2022年7月25日，某公司管理人向某税务局出具《情况说明》1份，载明：某公司2009年度存在因账册未找到而难以查账征收的情况。后某税务局对某公司2009年企业所得税进行核定。

2022年8月11日，某税务局向某公司申报债权，载明：债权总额690 909.24元，其中税款343 479.61元，滞纳金347 429.63元；缴款期限为2010年5月31日至破产受理日，共经过2 023天，按日万分之五计算滞纳金为347 429.63元。2022年8月31日，某公司管理人作出《债权申报初审函》，认为税款滞纳金不能超过税金本身，最终确认债权总额为686 959.22元（其中税款本金343 479.61元，滞纳金343 479.61元，滞纳金列入普通债权参与分配）。对于超出部分3 950.02元，管理人不予确认。

江苏省南京市某区人民法院于 2023 年 1 月 5 日作出民事判决：确认某税务局对某公司所欠税款超出本金限额部分的滞纳金 3 950.02 元享有破产债权。某公司不服一审判决，提起上诉。江苏省南京市中级人民法院于 2023 年 7 月 25 日作出民事判决：撤销一审判决并驳回某税务局的全部诉讼请求。

裁判要旨：

税务机关针对滞纳税款加收滞纳金的行为，属于依法强制纳税人履行缴纳税款义务而实施的行政强制执行，应当适用行政强制法第四十五条第二款的规定，加收的滞纳金数额不得超出税款数额。在破产程序中，税务机关申报的滞纳金超过税款数额的部分不能认定为普通债权。

3.2.3　罚款的处理

破产企业在进入破产程序前，可能会因为有涉税违法行为而被税务机关罚款。

关于税务机关的罚款在企业破产过程中究竟属于何种性质，国家税务总局对此没有作出明确的规定。但最高人民法院对这种罚款的性质作出了认定。

根据《全国法院破产审判工作会议纪要》（法〔2018〕53号）中"28.破产债权的清偿原则和顺序"的规定："破产财产依照企业破产法第一百一十三条规定的顺序清偿后仍有剩余的，可依次用于清偿破产受理前产生的民事惩罚性赔偿金、行政罚款、刑事罚金等惩罚性债权。"由此可见，法院将税务机关的罚款认定为劣后债权。所谓劣后债权，是指在破产清偿顺序中劣后于普通债权的债权。

3.2.4 税收债权的抵销问题

在税收征收管理实践中，纳税人的退税和欠税是可以相互抵销的。《中华人民共和国税收征收管理法实施细则》（以下简称《税收征收管理法实施细则》）第七十九条规定："当纳税人既有应退税款又有欠缴税款的，税务机关可以将应退税款和利息先抵扣欠缴税款；抵扣后有余额的，退还纳税人。"

　　显而易见，在税收征收管理的过程中，纳税人的欠税与退税相互抵销的最终决定权在税务机关手里。但欠税，一旦作为公债权进入企业的破产程序，能否用退税抵缴欠税，就要看《企业破产法》怎么规定的了。

　　《企业破产法》第四十条规定："债权人在破产申请受理前对债务人负有债务的，可以向管理人主张抵销。"在最高人民法院的企业破产法司法解释中，也反复明确了这一点，即债权人与债务人相互负债能否抵销，由管理人作出决定。

　　因此，在企业破产程序中欠税与退税的相互抵销，必须由税务机关向管理人提出申请，管理人收到税务机关提出的主张债务抵销的通知后，没有异议的，抵销自管理人收到通知之日起生效；有异议的，应当由管理人向法院提起诉讼，由法院裁决。

企业在破产过程中，抵销的是债权与债务，因此只要是税收债权与税收债务都可以抵销，包括税款、滞纳金、罚款。同时，由税务机关征收的各种费也应包含在内，因为按《企业破产法》的规定，抵销权的行使不受《企业破产法》中债权清偿顺序的限制。

3.2.5　资产拍卖的税费转嫁

为了保证破产企业资产收益的最大化，最大限度地保护债权人的利益，根据《企业破产法》第一百一十二条的规定，除了债权人会议特别决议外，破产企业的资产处置一律通过拍卖进行。

与拍卖公司的拍卖一样，法院的拍卖实质上也是一种销售行为，既然是一种销售行为，就应该缴纳税款。对此，国家税务总局规定，无论拍卖、变卖财产的行为是纳税人的自主行为，还是人民法院实施的强制执行活动，对拍卖变卖财产的全部收入，纳税人均应依法申报缴纳税款。

企业进入破产程序是因为资不抵债，换句话说，即使将企业全部资产拍卖掉，也无法保证所有债权人都能得到清偿，如果在拍卖过程中再交上一笔税，那么债权人得到清偿的比例会更低。以前有些法院的拍卖公告会明确告知拍卖的所有税费由竞买人承担，这就将本应由破产企业承担的税费转嫁给了竞买人。

法院拍卖公告中的税费转嫁条款，实际上相当于民事法律关系上的一种要约，竞买人如果承诺了这项要约，参与了竞买，那么就表明竞买人同意法院拍卖公告中的税费转嫁条款。这在民事法律关系上应当是合法的，而现实中有些竞买人因为对税收政策不了解，以为税费没有多少钱，等到交税时发现与自己想象的不一样，马上就反悔了。这时税务人员会凭借法院的拍卖公告要求竞买人必须缴纳税款，否则不予办理相关手续。没有税务机关的证明，股权、房产均无法在相关部门办理过户手续。

但在2016年，针对司法拍卖中税费转嫁的问题，最高人民法院出台了《关于人民法院网络司法拍卖若干问题的规定》（法释〔2016〕18号），其中第三十条规定："因网络司法拍卖本身形成的税费，应当依照相关法律、行政法规的规定，由相应主体承担；没有规定或者规定不明的，人民法院可以根据法律原则和案件实际情况确定税费承担的相关主体、数额。"

2020 年 9 月 2 日，国家税务总局在对十三届全国人大三次会议第 8471 号建议的答复中也明确提出"严格禁止在拍卖公告中要求买受人概括承担全部税费"。

因此，根据现行最高人民法院以及国家税务总局的规定，已明确不允许法院在司法拍卖过程中将税费转嫁给竞买人，而是要求按税法规定来确定各自的纳税义务。

3.2.6　企业破产中发票的开具

企业破产过程中，要继续履行合同、破产资产的拍卖等均要申报纳税，同样也要开具发票。按国家税务总局公告 2019 年第 48 号的规定，企业因继续履行合同、生产经营或处置财产需要开具发票的，管理人可以以企业名义按规定申领开具发票。该规定有两层含义：

一是管理人可以申领发票，但必须以企业的名义；

二是管理人可以开具发票，但必须以企业的名义。

换句话说，管理人不能以自己的名义领用和开具发票。主要原因在于，虽然管理人接管了企业的资产，但是资产的所有权仍然属于破产企业，并没有发生变化。因此，管理人只是代行管理企业的职权。

这里要强调一点，《税收征收管理法》第七十二条规定："从事生产、经营的纳税人、扣缴义务人有本法规定的税收违法行为，拒不接受税务机关处理的，税务机关可以收缴其发票或者停止向其发售发票。"换句话说，如果破产企业在进入破产程序之前，有税收违法行为，不接受税务机关的处理，被税务机关停供了发票，此时管理人要领用和使用发票就会存在一些法律上的障碍。破产企业如果想正常领用和开具发票，就必须接受税务机关对其违法行为的处罚。

当然，如果不能领用和开具发票，管理人可以向税务机关申请代开普通发票。根据《国家税务总局货物和劳务税司关于做好增值税发票使用宣传辅导有关工作的通知》（税总货便函〔2017〕127号）的规定，在可以代开发票的情形中，包括"被税务机关依法收缴发票或者停止发售发票的纳税人，取得经营收入需要开具增值税普通发票的"。

3.3 破产企业中非正常户的处理

企业一旦进入破产程序，法院会为破产企业指定管理人，由管理人按照《企业破产法》的规定，以企业名义办理纳税申报等涉税事宜。管理人代表破产企业办理相关的涉税事宜是有前提条件的，即破产企业在税收管理上是正常的，能够正常申报纳税、领用和使用发票等，否则企业的破产程序将无法正常进行。但就破产企业而言，若连续三个月所有税种均未进行纳税申报，税收征收管理系统会自动将其认定为非正常户。在税收管理上，已经被认定为非正常户的企业，按规定要停止其发票领用簿和发票的使

用。因此，破产企业非正常户的解除是破产程序能够正常
进行的一个前提条件。

国家税务总局公告 2019 年第 48 号规定："已认定为
非正常户的纳税人，就其逾期未申报行为接受处罚、缴纳
罚款，并补办纳税申报的，税收征收管理系统自动解除非
正常状态，无需纳税人专门申请解除。"但按《企业破产
法》及最高人民法院的司法解释，罚款属于劣后债权，即
在所有债权清偿结束后，仍有剩余的才清偿罚款。因此，
若要求缴纳罚款再解除非正常户，与《企业破产法》及最
高人民法院的司法解释不一致。并且，在企业破产过程
中，如果企业的非正常户不能解除，则相关的涉税事项一
律不能办理，企业的破产程序就不能正常进行。

为合理解决上述问题，地方税务机关出台了相关规
定，如根据《国家税务总局浙江省税务局关于支持破产便
利化行动有关措施的通知》（浙税发〔2019〕87 号）："已
经被认定为非正常户的纳税人进入破产程序后，管理人可
以凭人民法院受理破产案件的裁定书、指定管理人的决定
书，向主管税务机关申请非正常户暂时解除。税务机关在

税收征收管理系统中作'受理破产'标识后可对未办结事项进行处理，已经形成的欠税在解除非正常户状态时可暂不处理。对人民法院受理破产案件前发生的税收违法行为应当给予行政处罚的，税务机关应当依法作出行政处罚决定，将罚款及应补缴的税款按照《企业破产法》和最高人民法院的有关规定进行债权申报、依法受偿和相关后续处理。"

3.4　企业破产过程中的税务稽查

企业进入破产程序后，税务机关是否还能进行税务稽查呢？当下，无论是《企业破产法》还是《税务稽查案件办理程序规定》，均没有企业进入破产程序后，税务机关不能进行税务稽查的禁止性规定。换句话说，在企业进入破产程序以后，税务机关仍然可以对破产企业进行税务稽查。

但企业进入破产程序毕竟是一个特殊情况，为了保证破产程序的顺利进行，各地方法院与税务机关对企业破产的相关涉税事项做了一些联合规定，其中就涉及税务稽查。例如，根据《国家税务总局天津市税务局 天津市高级人民法院关于印发〈关于优化企业破产程序中涉税事项办理的实施意见〉的通知》（津税发〔2022〕48号）："人民法院裁定受理破产申请时，税务机关已经启动尚未办结的税务检查程序可继续开展，一般不再启动新的税务检查程序，但发现重大违法线索必须查处的情形除外。破产程序终结后，管理人向相关稽查局送达人民法院终结破产程序裁定书，稽查局对案件做结案处理。"

当然，按照《企业破产法》的规定，企业进入破产程序后由管理人接管，这时税务机关在税务稽查过程中的相对人也是管理人。例如，相关法律文书的送达，就应当以管理人作为受送达人。除了《企业破产法》，《税收征收管理法实施细则》也规定税务机关应当向受送达人送达税务文书。受送达人是法人的，应当由法人的法定代表人或者财务负责人、负责收件的人签收。受送达人有代理人的，可以送交其代理人签收。该规定所称的代理人在破产过程中就应当是管理人。

各地方法院与税务机关也出台了相关的规定，如苏州市中级人民法院、国家税务总局苏州市税务局共同形成的《破产涉税问题会议纪要》指出："破产企业如有稽查、风险应对未结案或者发票相关协查、核查未完成的，破产管理人应先配合税务机关完成相关调查。"

由于税务机关在企业破产过程中所查出的税款均属于企业进入破产程序之前的税款，因此，应当作为税收债权参与破产清算；与税款相对应的滞纳金与罚款，应作为普通债权及劣后债权，参与企业的破产清算，在企业破产过程中得到清偿。

3.5　破产撤销权与欠税的强制执行

所谓破产撤销权，是指在人民法院受理破产申请前六个月，管理人依据《企业破产法》的规定，享有的申请撤销债务人对个别债权人清偿行为的权利。《企业破产法》第三十二条规定："人民法院受理破产申请前六个月内，债务人有本法第二条第一款规定的情形，仍对个别债权人进行清偿的，管理人有权请求人民法院予以撤销。但是，个别清偿使债务人财产受益的除外。"

欠税在没有进入破产程序之前，欠税的纳税人与税务机关之间是行政法律关系，由《税收征收管理法》来调整。一旦进入破产程序，税务机关代表国家行使的是债权人的权利，此时的欠税才是一种债权。税务机关作为债权人与欠税企业作为债务人之间的法律关系，由《企业破产法》来调整。

《企业破产法》规定撤销权的目的在于防止债务人与债权人恶意串通，通过提前清偿优先满足部分债权人的利益，从而侵害其他债权人的利益。

《最高人民法院关于适用〈中华人民共和国企业破产法〉若干问题的规定（二）》第十五条规定："债务人经诉讼、仲裁、执行程序对债权人进行的个别清偿，管理人依据企业破产法第三十二条的规定请求撤销的，人民法院不予支持。但是，债务人与债权人恶意串通损害其他债权人利益的除外。"这里的"执行程序"与仲裁、诉讼是并列的,因此,应当包含行政机关的强制执行程序。更何况,税务机关采取强制执行措施,将纳税人的欠税追缴入库,纳税人不用承担高额的滞纳金,不会被限制离境,也有可能改变纳税人的纳税信用等级,有利于纳税人作为一个正常企业开展正常的生产经营活动,这显然是对纳税人有益的。

基于以上理由,破产企业的破产撤销权不影响税务机关采取的行政强制执行措施。

3.6 企业破产重整的税务处理

3.6.1 企业进入破产程序后的税收优惠

企业进入破产程序后,只有契税和个人所得税有税收优惠,其他税种没有给予专门的税收优惠。

1. 契税优惠

根据《财政部 税务总局关于继续实施企业、事业单位改制重组有关契税政策的公告》（财政部 税务总局公告2023 年第 49 号）第五条：

"企业依照有关法律法规规定实施破产，债权人（包括破产企业职工）承受破产企业抵偿债务的土地、房屋权属，免征契税；对非债权人承受破产企业土地、房屋权属，凡按照《中华人民共和国劳动法》等国家有关法律法规政策妥善安置原企业全部职工规定，与原企业全部职工签订服务年限不少于三年的劳动用工合同的，对其承受所购企业土地、房屋权属，免征契税；与原企业超过 30% 的职工签订服务年限不少于三年的劳动用工合同的，减半征收契税。"

从上述规定来看，企业破产中两种情形免征契税、一种情形减征契税，具体如图 3-1 所示。

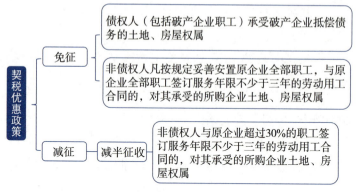

图 3-1　企业破产中契税的优惠政策

2. 个人所得税优惠

根据规定，企业依照国家有关法律规定宣告破产，企业职工从该破产企业取得的一次性安置费收入，免征个人所得税。

3.6.2　企业破产重整中的税收优惠

进入破产程序的企业，可以进行破产清算，然后注销从此退出市场；也可以进行破产重整或和解，实现企业的涅槃重生。

破产重整，简单来说就是对那些已经进入破产清算程序但仍有挽救希望的企业，依据《企业破产法》的相关规定，对其生产经营活动进行整顿，同时调整企业的债权债务结构，使企业摆脱困境，恢复生产经营。这样既可以有效避免因企业破产而导致职工失业，增加国家和社会的负担；同时又可以通过提高企业的偿债能力，使债权人的债权得到更好的实现，实为一举两得。

1. 不同税种对企业重组和改制的界定

根据《企业破产法》的规定，企业的破产重整只需要"由出席会议的有表决权的债权人过半数同意，并且其所代表的债权额占无财产担保债权总额的三分之二以上"即可。在特定情况下，即使重整方案未能取得三分之二以上债权人同意，法院仍可以强行批准重整方案生效。

毫无疑问，企业的破产重整必然会带来相应的税收后果（指纳税人不同的选择会带来少缴税款或者多缴税款的结果）。迄今为止，对于企业的破产重整，没有哪一个税种给予特定的税收优惠，但这并不意味着企业在破产重整的过程中，没有税收优惠可以享受。

虽然现行税法中没有关于破产重整的专门规定，但不同税种对于企业重组和改制，有专门的税收优惠政策。同时，针对重组和改制，相关税种做了专门的界定。例如，企业所得税将企业重组定义为"企业在日常经营活动以外发生的法律结构或经济结构重大改变的交易，包括企业法律形式改变、债务重组、股权收购、资产收购、合并、分立等"。契税将企业改制定义为"企业按照《中华人民共和国公司法》有关规定整体改制，包括非公司制企业改制为有限责任公司或股份有限公司，有限责任公司变更为股份有限公司，股份有限公司变更为有限责任公司"。

2. 不同税种的优惠政策

企业的重组和改制，在增值税、土地增值税、契税、企业所得税等税种上，都有相应的税收优惠政策，并且这些政策没有对享受主体作出限定。因此，这些税收优惠政策既适用于正常情况下的企业重组，也应当适用于破产重整下的企业，只要破产重整企业所涉及的分离合并、债务重组、股权重构等，符合企业重组和改制税收优惠政策的条件，就可以适用该政策，享受税收优惠。

（1）增值税优惠

企业破产重整中面临的第一个税种便是增值税，它也是我国当下最大的一个税种。

企业破产重整中会存在合并、分离，资产置换，资产出售等经济行为。增值税是流转税，它针对企业的销售行为征税，包括销售货物和服务。那么，对于企业重整过程中的销售行为，是否应该征收增值税呢？

根据规定，在资产重组过程中，通过合并、分立、出售、置换等方式，将全部或者部分实物资产以及与其相关联的债权、负债和劳动力一并转让给其他单位和个人，不属于增值税的征税范围，其中涉及的货物转让、不动产与土地使用权转让行为，不征收增值税。也就是说，如果企业在破产重整过程中，将全部或者部分实物资产以及与其相关联的债权、负债和劳动力一并转让给其他单位和个人，则不属于增值税的征税范围。只要符合企业重组规定，即使多次转让也不征收增值税。

同时，根据《国家税务总局关于纳税人资产重组增值税留抵税额处理有关问题的公告》（国家税务总局公告 2012 年第 55 号）："增值税一般纳税人（以下称'原纳税人'）在资产重组过程中，将全部资产、负债和劳动力一并转让给其他增值税一般纳税人（以下称'新纳税人'），并按程序办理注销税务登记的，其在办理注销登记前尚未抵扣的进项税额可结转至新纳税人处继续抵扣。"

（2）土地增值税和契税优惠

企业破产重整中，如果有房地产过户，必然涉及土地增值税和契税，符合条件的，可以适用企业改制重组税收优惠政策，具体如表 3-1 所示。

表 3-1 企业改制重组土地增值税和契税优惠政策

项目	优惠条件		政策链接
土地增值税	企业按照《公司法》有关规定整体改制，包括非公司制企业改制为有限责任公司或股份有限公司，有限责任公司变更为股份有限公司，股份有限公司变更为有限责任公司，对改制前的企业将国有土地使用权、地上的建筑物及其附着物（以下称房地产）转移、变更到改制后的企业，暂不征收土地增值税。这里的整体改制是指不改变原企业的投资主体，并承继原企业权利、义务的行为		财政部、税务总局公告 2023 年第 51 号
	按照法律规定或者合同约定，两个或两个以上企业合并为一个企业，且原企业投资主体存续的，对原企业将房地产转移、变更到合并后的企业，暂不征收土地增值税		
	按照法律规定或者合同约定，企业分设为两个或两个以上与原企业投资主体相同的企业，对原企业将房地产转移、变更到分立后的企业，暂不征收土地增值税		
	单位、个人在改制重组时以房地产作价入股进行投资，对其将房地产转移、变更到被投资的企业，暂不征收土地增值税		
	注意：上述政策不适用于房地产转移任意一方为房地产开发企业的情形		
契税	企业改制	企业按照《中华人民共和国公司法》有关规定整体改制，包括非公司制企业改制为有限责任公司或股份有限公司，有限责任公司变更为股份有限公司，股份有限公司变更为有限责任公司，原企业投资主体存续并在改制（变更）后的公司中所持股权（股份）比例超过75%，且改制（变更）后公司承继原企业权利、义务的，对改制（变更）后公司承受原企业土地、房屋权属，免征契税	财政部、税务总局公告 2023 年第 49 号

（续表）

项目		优惠条件	政策链接
契税	事业单位改制	事业单位按照国家有关规定改制为企业，原投资主体存续并在改制后企业中出资（股权、股份）比例超过50%的，对改制后企业承受原事业单位土地、房屋权属，免征契税	财政部、税务总局公告2023年第49号
	公司合并	两个或两个以上的公司，依照法律规定、合同约定，合并为一个公司，且原投资主体存续的，对合并后公司承受原合并各方土地、房屋权属，免征契税	
	公司分立	公司依照法律规定、合同约定分立为两个或两个以上与原公司投资主体相同的公司，对分立后公司承受原公司土地、房屋权属，免征契税	
	债权转股权	经国务院批准实施债权转股权的企业，对债权转股权后新设立的公司承受原企业的土地、房屋权属，免征契税	
	公司股权（股份）转让	在股权（股份）转让中，单位、个人承受公司股权（股份），公司土地、房屋权属不发生转移，不征收契税	

（3）企业所得税的特殊性税务处理

在企业所得税方面，企业重组根据不同条件，分别适用一般性税务处理和特殊性税务处理。

在企业重组中，如果仅是法律形式的改变，如改变企业名称、注册地址和法定代表人等，对企业所得税的影响不是很大。但若涉及企业分立、合并，股权的收购，资产的变更，债务重组等，对企业所得税的影响则较大。

如果只是符合一般性税务处理条件，如买卖资产、转售股权等，按正常的情况申报纳税即可，不涉及税收优惠。特殊性税务处理则不同，它可以让参与重组的企业递延纳税，这实际上是一种税收优惠。要享受特殊性税务处理政策，企业重组必须满足以下几个条件：

① 具有合理的商业目的，且不以减少、免除或者推迟缴纳税款为主要目的；

② 被收购、合并或分立部分的资产或股权比例符合规定的比例（不低于50%）；

③ 企业重组后的连续 12 个月内不改变重组资产原来的实质性经营活动；

④ 重组交易对价中涉及股权支付金额符合规定比例（股权支付金额不低于交易支付总额的 85%）；

⑤ 企业重组中取得股权支付的原主要股东，在重组后连续 12 个月内，不得转让所取得的股权。

破产重整的企业，如果符合上述条件，可以选择特殊性税务处理，推迟缴纳税款的时间。

04

第4章
新《公司法》下的涉税问题

4.1　公司登记与税

4.1.1　认缴出资与税前扣除

2023 年《公司法》修订后，规定投资人要将自己认缴的出资额在 5 年的时间内认缴到位。如果认缴的出资额在 5 年内没有认缴到位，将会产生相应的税收后果。

1.认缴出资与利息的扣除

根据《国家税务总局关于企业投资者投资未到位而发生的利息支出企业所得税前扣除问题的批复》（国税函〔2009〕312 号）的规定，企业投资者在规定期限内未缴足其应缴资本额的，该企业对外借款所发生的利息，相当于投资者实缴资本额与在规定期限内应缴资本额的差额应计付的利息，不属于企业合理的支出，应由企业投资者负担，不得在计算企业应纳税所得额时扣除。

简单来说，就是股东认缴的出资额没有按承诺的期限出资到位的，该企业对外借款超出股东未到位出资额的部分所产生的利息，不能在企业所得税前扣除。

在原《公司法》下，对股东出资到位的时间没有具体的要求，以股东的承诺时间为准，或10年或8年都可以，但在新《公司法》下，股东出资的时间最长不能超过5年。换句话说，股东只能在5年内选择出资到位的时间，超过5年即违法。

从税收的角度来讲，不论股东承诺与否，以及是如何承诺的，其实际出资的期限都不得超过5年，如果超过5年，其对外借款超过未实缴出资额的部分所产生的利息不得在企业所得税前扣除。

2. 认缴出资与损失的扣除

按现行规定，企业在生产经营过程中实际发生的，与企业经营有关的合理损失，在减除责任人赔偿金额后的余额，可以在企业所得税前据实扣除。

这里需要重点强调的是，资产损失允许在企业所得税前扣除的金额，必须是减除了"责任人赔偿金额"后的余额。

3. 逾期出资的赔偿

根据《公司法》的规定，股东在承诺的期限内没有出资到位，由此给公司造成的损失，股东应当承担赔偿责任；公司成立后，董事会发现股东未按期足额缴纳出资的，应当由公司向该股东发出书面催缴书，催缴出资。未及时履行上述规定的义务，给公司造成损失的，负有责任的董事应当承担赔偿责任。那么，对于股东未按期出资到位，或者是公司没有按规定催缴出资，股东和负有责任的公司董事对公司进行的赔偿，公司在收到赔偿款后，是否应当纳税？

就增值税而言，增值税是对交易行为征税，股东因出资不到位而对企业造成直接损失所进行的赔偿，不属于交易行为，不论其被称为赔偿金还是逾期利息，均不属于增值税的征税范围，不用缴纳增值税。

　　就企业所得税而言，企业所收取的股东因出资不到位，或负有责任的公司董事因为没有按规定催缴出资而支付的赔偿金，是公司股东或董事基于《公司法》的规定而进行的一种赔偿。该笔收入应当先用于弥补企业的损失，超出部分一般情况下应计入企业的收入总额，合并计算缴纳企业所得税，如果股东协议约定作为企业的资本金，并已按资本金做了会计处理，则无须缴纳企业所得税。

4.1.2　股权与债权出资的税收规定

　　新修订的《公司法》在非货币性资产出资的内容上，增加了股权和债权两个项目。换句话说，股东在成立新公司进行出资时，可以用股权，也可以用债权，当然，还可以用实物、知识产权，土地使用权等进行出资。

1. 股权出资的税收规定

事实上，在 2023 年《公司法》修订之前，对于非货币性资产出资，无论出资的股东是个人还是公司，税法上都作出了相应的规定，这些规定均将股权纳入了非货币性资产。

无论是企业所得税还是个人所得税，均将用非货币性资产出资分为两个步骤：第一步是转让非货币性资产，第二步是用转让所得出资。由于没有实际的经济利益流入，只是在税收上将其分为两个步骤，因此本着量能课税的原则，对企业和个人取得的转让收入，允许在 5 年的时间内分期计入应纳税所得额，计算缴纳企业所得税和个人所得税。具体如表 4-1 所示。

表 4-1　股权出资的税收规定

纳税人	股票 / 股权	增值税	所得税
企业	转让上市公司股票	须缴纳	企业所得税：转让收入 5 年内均匀计入应纳税所得额
	转让非上市公司股权	无须缴纳	

（续表）

纳税人	股票／股权	增值税	所得税
个人	转让上市公司股票	无须缴纳	个人所得税：对于一次性缴纳税款有困难的个人股东，允许其将所取得的转让收入，在5个公历年度内分期计缴税款
	转让非上市公司股权	无须缴纳	

2. 债权出资的税收规定

债权出资可以分为以股东持有的目标公司债权出资，以及以股东持有的第三方公司的债权出资目标公司。举个简单的例子：王某是甲公司的股东，同时也持有乙公司的债权，王某可以所持有的乙公司债权出资甲公司，出资完成后，王某对乙公司的债权减少或者消失，甲公司成为乙公司的债权人。

债权投资在税收上涉及两个步骤，第一步是转让债权，第二步是用转让所得投资入股。第二步属于投资行为，不涉及纳税，但第一步的债权转让，涉及个人所得税、企业所得税及印花税等税种的缴纳。

（1）个人所得税。个人以非货币性资产（债权）投资，属于个人转让非货币性资产（债权）和投资同时发生，须依法缴纳个人所得税。如果一次性缴纳税款有困难，可在税务机关备案后，在 5 个公历年度内分期缴纳。

（2）企业所得税。企业以非货币性资产（债权）投资，确认的非货币性资产（债权）转让所得，可在不超过 5 年期限内，分期均匀计入相应年度的应纳税所得额，按规定计算缴纳企业所得税。

根据规定，企业的债权投资如果符合特殊性税务处理条件，可以按以下规定进行特殊性税务处理：企业发生债权转股权业务，对债务清偿和股权投资两项业务暂不确认有关债务清偿所得或损失，股权投资的计税基础以原债权的计税基础确定。简单来说，投资方和被投资方均不需要缴纳企业所得税。

（3）印花税。印花税的缴纳主要分为两部分。

一是书立产权转移书据应当缴纳的印花税，即债权转股权要做股权登记，按《印花税法》的规定，投资方与被投资方均须按交易价格的 0.5‰ 缴纳印花税。

二是股东以债权出资，被投资企业要根据实收资本与资本公积增加金额的 0.25‰ 缴纳印花税。

需要说明的是，与股权转让一样，债权转让不属于增值税的征税范围。因为不需要缴纳增值税，以增值税作为计税依据的城市维护建设税，以及教育费附加、地方教育附加自然也不需要缴纳。

3. 债资比的限制

如前所述，新《公司法》对股东进行非货币性资产出资的相关内容作出了明确的规定，对股东可以用于出资的非货币性资产，增加了股权和债权两项内容。

股东用债权出资，实现债转股，可以减少企业的债务负担，但不论作为出资股东还是目标公司，都应当考虑税法对债资比的限制性规定，把目标公司的债资比例控制在税法允许的范围内，以规避税收风险。

根据财税〔2008〕121号文的规定，企业接受关联方债权性投资的利息支出，不超过规定比例的部分，准予税前扣除。债权性投资与股权投资比例为：金融企业5∶1，其他企业2∶1。据此，关联企业之间对于非金融企业接受债权投资，债权金额不超过股权金额两倍的借款利息支出，可以在企业所得税前扣除。

例如，某信息公司注册资本是50万元，同时向股东借款200万元，那么，其中借款100万元所支付的利息可以在企业所得税前扣除，其余100万元借款所支付的利息不能在企业所得税前扣除。如果股东将200万元借款中的50万元借款转为股权，那么其余150万元借款所支付的利息全部可以在企业所得税前扣除。

4.1.3 以房产出资的税收规定

公司在设立时，除了股权、债权，公司股东还可以用房产、无形资产出资。房产出资与债权出资是一样的，股权出资与无形资产出资是一样的，都属于非货币性资产出资。

如前所述，税收上将非货币性资产出资设定为两个步骤：第一个是交易环节，即将非货币性资产出售；第二个是以取得的收入投资于新设立的公司。由于存在出售，即销售环节，因此涉及税款的缴纳。除了增值税与所得税，以房产出资还涉及土地增值税、契税和印花税，具体如表 4-2 所示。

表 4-2　以房产出资的税收规定

税种	具体要求
增值税	纳税人在中华人民共和国境内销售不动产，应当缴纳增值税。股东以房产向公司出资，根据税收规定，需要在销售房产取得收入环节缴纳增值税
所得税	企业所得税：对企业取得的转让收入，允许在 5 年的时间内均匀地计入应纳税所得额
	个人所得税：对一次性缴纳税款有困难的个人股东，允许其将所取得的转让收入，在 5 个公历年度内分期计缴税款
土地增值税	以房产出资，应当办理房产变更手续，属于土地增值税的应税范围。但若符合《财政部 税务总局关于继续实施企业改制重组有关土地增值税政策的公告》（财政部 税务总局公告 2023 年第 51 号）的有关规定，可以享受暂免征收土地增值税的税收优惠政策
契税	根据《契税法》的规定，以作价投资转移土地、房屋权属的，应当依照规定征收契税。但若符合《财政部 税务总局关于继续实施企业、事业单位改制重组有关契税政策的公告》（财政部 税务总局公告 2023 年第 49 号）的有关规定，可以享受免征契税的税收优惠政策
印花税	按"产权转移书据"缴纳印花税，适用 0.5‰ 的税率

4.1.4 知识产权出资的税收规定

《公司法》第四十八条规定："股东可以用货币出资，也可以用实物、知识产权、土地使用权、股权、债权等可以用货币估价并可以依法转让的非货币财产作价出资；但是，法律、行政法规规定不得作为出资的财产除外。"据此，知识产权的出资应当满足以下三个条件：

一是法律和行政法规没有作出禁止出资规定；

二是资产"可以用货币估价"；

三是资产"可以依法转让"。

知识产权主要有著作权、专利权和商标权三种。在税法上，针对投资没有知识产权的概念，只有非货币性资产出资。知识产权是法律术语，非货币性资产是会计术语，就两者的关系而言，知识产权属于非货币性资产，但非货币性资产未必属于知识产权。换句话说，知识产权的范围要比非货币性资产的范围小。因此，知识产权出资属于非货币性资产出资的范畴。

知识产权出资因出资主体与出资内容的不同，在税收上有不同的规定。

1. 增值税的征收规定

知识产权出资增值税的征收规定如表 4-3 所示。

表 4-3　知识产权出资增值税的征收规定

出资内容	相关规定	
以著作权出资	个人	免征
	企业	小规模纳税人按 3% 征收率，自 2022 年 4 月 1 日至 2027 年 12 月 31 日减按 1% 征收
		一般纳税人按 6% 税率征收
以技术出资	个人	免征
	企业	免征
以其他知识产权出资	小规模纳税人按 3% 征收率，自 2022 年 4 月 1 日至 2027 年 12 月 31 日减按 1% 征收	
	一般纳税人按 6% 税率征收	

2. 个人所得税的征收规定

个人以知识产权投资属于知识产权转让与投资同时发生。个人转让知识产权应按财产转让所得，适用 20% 的税率，应纳税所得额的计算公式为：

$$应纳税所得额＝知识产权评估的公允价值－知识产权的$$
$$原值－相关合理的税费$$

知识产权转让一次性缴纳个人所得税确有困难的，在履行备案手续后，可申请自发生应税行为起5个公历年度内分期缴纳。

个人以技术成果投资境内居民企业，被投资企业支付的全部为股权（股票）的，投资当期可以暂不纳税，允许递延至股权转让之日。

3. 企业所得税的征收规定

实行查账征收的居民企业以知识产权对外投资确认的知识产权转让所得，可自确认知识产权转让收入年度起不超过连续5个纳税年度内，分期均匀计入相应年度的应纳税所得额，按规定计算缴纳企业所得税。企业以技术成果投资境内居民企业，被投资企业支付的全部为股权（股票）的，投资当期可以暂不纳税，允许递延至股权转让之日。

根据《企业所得税法》及其实施条例的规定，一个纳税年度内，居民企业转让技术成果不超过 500 万元的，免征企业所得税；超过 500 万元的，减半征收企业所得税。

4.1.5　出资与印花税

印花税是一个小税种，往往会被纳税人所忽视，但对税务机关来说，再小的税种它也是税，不会因为其小而放松对其的征收管理。税务稽查部门在对企业进行税务检查时，所有的税都要查，即各税同查，不会只查某一种或两种税，印花税也不例外。

按《印花税法》的规定，企业的注册资本属于营业账簿范畴，印花税税率为 0.25‰。企业在完成注册资本实缴后，须按实际到位金额缴纳印花税。例如，企业注册资本为 1 000 万元，则实缴后应缴纳印花税 2 500 元；如果是 1 亿元，则为 25 000 元。

需要注意的是，2023年《公司法》修订以前，如股东承诺10年或者20年出资到位，那么印花税纳税义务的发生时间也是实际出资到位的时间，即在10年或20年出资到位时征收。这种情况下，大家不用担心印花税的缴纳问题，出资多或者出资少对公司而言都无所谓。但2023年修订后的《公司法》规定，股东出资采取的是限期认缴制，出资认缴时间最长不得超过5年，也就是说印花税纳税义务的发生时间最长不超过5年。这时股东在出资时就必须考虑出资的金额，不能像过去一样为了展示企业的实力，将企业的注册资金无限做大，将出资的期限承诺期无限拉长。

4.1.6 出资不到位的股权转让

按《公司法》的规定，股东出资不到位，转让股权可以分为以下两种情况。

第一，面对限期5年出资到位的规定，有些股东不愿意继续投入资金，可能会进行股权转让。

第二，根据规定，股东未按照公司章程规定的出资日期缴纳出资额，宽限期届满，股东仍未履行出资义务的，公司经董事会决议可以向该股东发出失权通知（以书面形式发出），自通知发出之日起，该股东丧失其未缴纳出资额的股权。丧失的股权应当依法转让，或者相应减少注册资本并注销该股权。

以上两种情况下，即股东转让自己出资不到位的股权，或公司转让股东出资不到位的股权，能否低价或者零元转让，如何征税呢？根据规定，对于股权转让价格明显偏低的，税务机关可以核定征收，但是有正当理由的除外。所谓有正当理由，是指股权转让双方能够提供有效证据，证明其合理性的情形。

如果公司成立后开展了正常的经营活动，取得了利润，同时向没有出资到位的股权进行了分红派息，那么在这种情况下，低价或零元转让未出资到位的股权，应该会被税务机关核定征收税款。

4.1.7 限期认缴制下小微企业资格的丧失

根据新《公司法》的规定，有限责任公司全体股东认缴的出资额，由股东按照公司章程的规定自公司成立之日起5年内缴足。在限期认缴制下，实收资本到位，会计报表上资产总额的增加可能会给公司带来小微企业资格的丧失。

对于小微企业的认定，有两个不同的标准。

一是企业所得税上的认定标准。在企业所得税上，用工不超过300人，年度应纳税所得额不超过300万元、资产总额不超过5 000万元的企业，可认定为小微企业。小微企业可以享受以下两项税收优惠政策：

（1）企业所得税优惠，即小微企业应纳税所得额不超过300万元的部分，减按20%计入应纳税所得额，适用20%的税率，其实际税负仅有5%；

（2）六税两费的减半征收，即对小微企业的资源税（不含水资源税）、城市维护建设税、房产税、城镇土地使用税、印花税（不含证券交易印花税）、耕地占用税和教育费附加、地方教育附加，实行减半征收政策。

二是通用认定标准。2011 年，工业和信息化部、国家统计局、国家发展和改革委员会、财政部联合发布了《中小企业划型标准规定》，其中根据企业从业人员、营业收入、资产总额等指标，以及行业特点，将中小企业划分为中型、小型、微型三种类型。

这里要注意，对于通用认定标准的小型、微型企业，在税收上基本没有优惠，只对为小型、微型企业提供贷款的金融机构有税收优惠，这主要是为了解决小型、微型企业融资难的问题。主要优惠政策是，对金融机构向小型、微型企业发放小额贷款取得的利息收入，免征增值税。

4.2 公司合并与增减资

4.2.1 公司合并的涉税问题

一般情况下，公司合并应当由股东大会作出决定，但新《公司法》对公司合并作出了一些例外规定。根据新《公司法》第二百一十九条的规定，以下两种特定情形下的公司合并，可以不经股东会决议，但应当经董事会决议。

（1）公司与其持股90%以上的公司合并，被合并的公司不需经股东会决议，但应当通知其他股东，其他股东有权请求公司按照合理的价格收购其股权或者股份。

（2）公司合并支付的价款不超过本公司净资产10%的，可以不经股东会决议；但是，公司章程另有规定的除外。

目前，无论是增值税、企业所得税，还是契税、土地增值税等，对公司合并都做了相关规定。例如，根据增值税的征收规定，公司合并时，必须将资产、负债、人员同时合并进新的公司，才免征增值税；根据企业所得税的征收规定，企业满足股东在该企业合并发生时取得的股权支付金额不低于其交易支付总额的50%等条件，才能享受特殊性税务处理政策。

因此，公司在合并时，如果想适用新《公司法》第二百一十九条的规定，应当将税收的因素考虑进去，对照税法的规定，看看有什么样的税收后果，再做出选择。

4.2.2 公司增减资的涉税问题

1. 增资扩股

公司增资扩股引进新的投资主要有三种方式：平价增资、溢价增资和折价增资。这三种方式的涉税问题如下所述。

（1）平价增资

所谓平价增资，是指投资人投入的金额等于新增的注册资本。举个简单的例子，甲公司现有注册资本100万元，为A股东100%持有。公司拟增加注册资本50万元，由新股东B认缴，B股东认缴出资50万元。甲公司的注册资本变更为150万元，新股东投入的金额与甲公司新增的注册资本持平，此为平价增资。

平价增资让甲公司原股东 A 的股权占比由 100% 减少至约为 67%，新股东持股比例约为 33%。A 股东的股权被稀释了。

平价增资虽然改变了股东的持股比例，但每股净资产没有发生任何变化，纯属一种投资行为，因此不存在征税的问题。

（2）溢价增资

所谓溢价增资，是指投资人的投资额大于新增的注册资本。举个简单的例子，甲公司注册资本为 100 万元，为 A 股东 100% 持有。甲公司拟增加注册资本 50 万元，由新股东 B 认缴，B 股东认缴出资 100 万元。100 万元大于新增的注册资本 50 万元，此为溢价增资。

溢价增资让甲公司原股东 A 的股权占比由 100% 下降至约为 67%，新股东 B 投资额中的 50 万元进入注册资本，股权占比约为 33%，因此 A 股东的股权被稀释了。B 股东其余的 50 万元投资额进入甲公司的资本公积。甲公司的净资产增加，估值也增加了。当然，原股东 A 所持股份对应公司的净资产也提高了。

虽然 A 股东所持股份对应的净资产有了提高，但 A 股东并没有所得，因此也不存在缴税的问题。只有在甲公司将资本公积转增股本时，或 A 股东转让股权时，才存在征税的问题。

（3）折价增资

折价增资指的是投资人的投资额低于新增的注册资本。举个简单的例子，甲公司注册资本为 100 万元，为 A 股东 100% 持有。甲公司拟增加注册资本 50 万元，由新股东 B 认缴，B 股东认缴出资 30 万元。30 万元小于新增的注册资本 50 万元，此为折价增资。

折价增资中虽然新股东 B 只出资 30 万元，却占甲公司约 33% 的股份，这必然会导致 A 股东所持股份对应的净资产减少。正常情况下，B 股东出资 30 万元，仅能占甲公司约 23% 的股份，而实际却多占了约 10% 的股份。

对于这多出来的 10% 股份，显然是以 A 股东的损失为代价的。那么，是否应当征税呢？很显然，这不是一种股权转让行为，如果按股权转让核定征收税款，于法无据。这种情况下要注意税务机关可能会按照反避税的相关规定进行处理，如果企业折价增资具有合理的商业目的，如想借助对方企业的品牌、营销实力、商业模式等，税务机关也许会认可；如果折价增资没有合理的商业目的，如欠了对方企业的钱无法偿还，或侵犯了对方企业的专利权等，税务机关可能会展开反避税调查，进行特别纳税调整，把该征的税征回来，包括应收的利息。

2. 减资

新《公司法》将股东出资认缴制改为限期认缴制，这对那些认缴了大额出资的股东来说，是一个大的挑战。股东要么出资到位，要么减资转让或注销，除此之外似乎没有什么更好的选择。

对于公司减资，按《公司法》的要求，要由股东会或股东大会作出决议，有限责任公司经代表三分之二以上表决权的股东、股份有限公司经出席会议的股东所持表决权的三分之二以上通过，并编制资产负债表及财产清单、依法通知债权人以及向公司登记机关办理变更登记。

公司减资，根据不同的标准可以划分不同类型，下面主要按减资主体和减资目的不同（见表4-4）对相关涉税问题进行说明。

表 4-4　公司减资的类型划分

划分标准	类型	说明
按减资主体划分	公司股东减资	公司的股东可以是公司也可以是自然人，因此减资也分为公司股东减资与自然人股东减资
	自然人股东减资	
按减资目的划分	实质性减资	指公司减少注册资本，将一定的金额返还给股东。实质性减资一般发生在公司资本过剩时，目的在于减少资本闲置带来的资源浪费，提高资本的运作效率
	形式性减资	指公司减少注册资本，但公司净资产没有流出。形式性减资一般发生在公司严重亏损的情况下，公司通过减少注册资本来弥补亏损。形式性减资下，股东并未实际收回资产

（1）不同主体减资的涉税问题

　　减资必然会带来税收方面的问题，而公司股东与自然人即个人股东所面临的税收问题不完全相同。

① 公司股东减资

- 增值税。公司股东减持非上市公司的股权不交增值税，但减持上市公司的股票要缴纳增值税。根据财税〔2016〕36号文的规定，公司减持上市公司的股票，须按转让金融商品缴纳增值税及其附加税费。一般纳税人适用6%的税率，小规模纳税人适用3%的征收率。

- 企业所得税。公司股东从被投资企业撤回或减少投资，应分四部分进行处理。

　　——取得的资产中，相当于初始出资的部分，应确认为投资收回。

　　——取得的资产中，相当于被投资企业累计未分配利润和累计盈余公积按减少实收资本比例计算的部分，应确认为股息所得。对符合条件的居民企业之间的股息、红利等权益性投资收益（免税收入），免征企业所得税。

——其余部分确认为投资资产转让所得。

——被投资企业发生的经营亏损，由被投资企业按规定结转弥补；投资企业不得调整降低其投资成本，也不得将其确认为投资损失。

② 自然人股东减资

自然人股东减资不涉及增值税，就个人所得税而言，自然人股东投资收回的所有财产都属于个人所得税应税收入，要计征个人所得税。按股权转让的差价，扣除合理的税费，适用 20% 税率缴纳个人所得税，由购买方或者证券公司代扣代缴。

公司股东减资，如果是用非货币性资产作为支付对价，由于企业资产的权属发生了变更，因此还存在一个视同销售计征企业所得税的问题。

除了公司股东减资和自然人股东减资，这里要特别说明一下合伙企业股东减持上市公司股票的税务处理，其增值税的税务处理与公司股东减持上市公司股票是一样的。在所得税上，根据规定，合伙企业以每一个合伙人作为一个纳税义务人。合伙人是法人或其他组织的，须缴纳企业所得税；是自然人的，须缴纳个人所得税。

法人合伙人减持上市公司股票，需要按照25%的税率计算缴纳企业所得税。

合伙企业每一纳税年度的收入总额减去成本、费用，以及损失后的余额，作为投资者个人的生产经营所得，比照个人所得税法中个体工商户的生产经营所得应税项目，适用5%~35%的五级超额累进税率，计算缴纳个人所得税。

根据财税〔2019〕8号文的规定，对依法备案的创投企业，选择按单一投资基金核算，其个人合伙人从该基金取得的股权转让和股息红利所得，按 20% 税率缴纳个人所得税；选择按创投企业年度所得整体核算，其个人合伙人从企业取得的所得，按 5%~35% 的超额累进税率计算缴纳个人所得税。

（2）按不同目的减资的涉税问题

根据减资的不同目的及企业净资产的变化与否，减资可以划分为实质性减资与形式性减资，相关涉税问题如下所述。

① 实质性减资

实质性减资是指公司的注册资本在减少的同时，资产也流向了股东，导致公司净资产减少。例如，公司因资本过剩向股东返还而减少注册资本。

实质性减资由于有资产的流出，因此对于股东而言，无论是自然人股东还是公司股东，都会涉及相关的税收问题。并且，根据股东情况的不同、被投资企业情况的不同及减资方式的不同，实质性减资对税收产生的影响是不同的。

对于同比例减资（所有股东的减资比例相同），减资的金额小于投资成本的，由于股东的减资没有所得，因此不存在缴纳个人所得税的问题；减资的金额大于投资成本的，就存在缴纳个人所得税的问题。

不同比例的减资，其实质属于股权回购，而股权回购就是股权转让形式的一种。不同比例的减资会影响每个股东的持股比例，进而影响每股的净资产。如果股权转让的对价低于公司的净资产，那么税务机关可以调整股权转让的价格来计算征收个人所得税。

② 形式性减资

形式性减资是指公司的净资产没有发生任何变化，即资产没有发生转移，只是注册资本减少了。形式上的减资，对于自然人股东来说，由于没有取得任何所得，因此不用缴纳个人所得税；对于公司（被投资企业）来说，同样没有取得所得，因此也不用缴纳企业所得税。

形式性减资一般发生在公司严重亏损的情况下，新《公司法》第二百二十五条规定："公司依照本法第二百一十四条第二款的规定弥补亏损后，仍有亏损的，可以减少注册资本弥补亏损。减少注册资本弥补亏损的，公司不得向股东分配，也不得免除股东缴纳出资或者股款的义务。"

按《企业所得税法》的规定，企业可以弥补亏损，弥补亏损的期限是 5 年、8 年和 10 年，但一般是用企业的利润来弥补，减资弥补亏损是企业弥补亏损的一种特殊情况。

股东减资弥补亏损应分为两个步骤：第一步，公司减资后将款项归还股东；第二步，股东将款项再捐赠给公司，以弥补亏损。公司股东和个人股东因所涉及的税种不同，税务处理上有所不同，如表 4-5 所示。

表 4-5　股东减资弥补亏损的税务处理

减资主体	具体说明
持股股东为公司的	第一步：公司减资后将款项归还股东。投资企业从被投资企业撤回或减少投资，其取得的资产中，相当于初始出资的部分，应确认为投资收回；相当于被投资企业累计未分配利润和累计盈余公积按减少实收资本比例计算的部分，应确认为股息所得；其余部分确认为投资资产转让所得
	第二步：股东将款项再捐赠给公司，以弥补亏损。被投资企业将减少的注册资本金额确认为当期捐赠收入，计入应纳税所得额计征企业所得税
持股股东为自然人的	第一步：计算缴纳个人所得税。个人因各种原因终止投资、联营、经营合作等行为，从被投资企业或合作项目、被投资企业的其他投资者以及合作项目的经营合作人处取得的股权转让收入、违约金、补偿金、赔偿金及以其他名目收回的款项等，均属于个人所得税应税收入，应按照"财产转让所得"项目适用的规定计算缴纳个人所得税。应纳税所得额的计算公式为： 应纳税所得额＝个人取得的股权转让收入、违约金、补偿金、赔偿金及以其他名目收回的款项合计数－原实际出资额（投入额）及相关税费
	第二步：个人股东从被投资企业撤回或减少投资，被减资企业减少实收资本，应将减少的金额确认为当期捐赠收入，计入应纳税所得额计征企业所得税

3. 减资与撤资的区别

减资与撤资从表面上看似乎没有多大的区别，都是公司资金在减少，但实质上，减资与撤资还是有很大区别的。

第一，性质不同。减资是公司行为，撤资是股东个人的行为。减资需要董事会或执行董事制定减资方案，经过股东大会表决、编制资产负债表和财产清单、通知债权人、发布减资公告等一系列程序，才能做减资登记。撤资则不同，按《公司法》的相关规定，公司股东不能抽逃出资，只要股东自己愿意，可以按《公司法》的相关规定转让手中的股权，或在一定条件下要求公司回购其股份，或在公司破产后，通过清算将投资进行回收。

第二，公司股东人数的变化。减资只是股东减少了公司的注册资本，公司的股东人数不会发生变化。撤资则不同，大多数情况下，股东人数会减少。

第三，税收后果不同。对于减资，股东同比例减资以及用减资弥补亏损，不涉及所得税问题；若定向减资，会涉及个人所得税问题。对于撤资，无论是转让股权，还是公司回购股权，都涉及企业所得税问题。

如前所述，投资企业从被投资企业撤回或减少投资，其取得的资产中，相当于初始出资的部分，应确认为投资收回；相当于被投资企业累计未分配利润和累计盈余公积按减少实收资本比例计算的部分，应确认为股息所得；其余部分确认为投资资产转让所得。简单来说，企业撤资收回的资产分为三个部分：收回的投资成本、收回的股息所得、投资资产转让所得。

4. 股权的回购

新《公司法》第八十九条在原《公司法》有限责任公司股东异议回购请求权的基础上，新增了一个条款，即"公司的控股股东滥用股东权利，严重损害公司或者其他股东利益的，其他股东有权请求公司按照合理的价格收购其股权"。

公司回购个人股权（票）属于股权转让的一种，应依法申报缴纳个人所得税。回购股权（票）的公司，作为股权（票）的受让方，是个人所得税的代扣代缴义务人，在支付股权（票）转让对价时，应当履行代扣代缴个人所得税的义务。

对未履行代扣代缴义务的扣缴义务人，税务机关可以按《税收征收管理法》第六十九条的规定，处应扣未扣、应收未收税款 50% 以上 3 倍以下的罚款。

股权受让方没有履行代扣代缴义务，按《个人所得税法》的规定，转让方应当依法申报纳税。对没有申报纳税的，税务机关可以按照《税收征收管理法》的相关规定予以处理。如果回购价格明显偏低，且无正当理由，税务机关可以依法核定征收。

4.3　股东赠予资产

在经营活动中，公司股东可以将属于自己的资产无偿赠予公司，这在《公司法》上没有任何障碍。但在税收上，会涉及纳税问题。对于股东赠予的资产是否要作为收入计算缴纳企业所得税，需要分两种情况来看。

4.3.1　作为资本性投入

公司将股东无偿捐赠的资产作为资本性投入，计入资本公积的，不用计算缴纳企业所得税。《国家税务总局关于企业所得税应纳税所得额若干问题的公告》（国家税务总局公告 2014 年第 29 号）第二条规定："企业接收股东划入资产（包括股东赠予资产、上市公司在股权分置改革过程中接收原非流通股股东和新非流通股股东赠予的资产、股东放弃本企业的股权，下同），凡合同、协议约定作为资本金（包括资本公积）且在会计上已做实际处理的，不计入企业的收入总额，企业应按公允价值确定该项资产的计税基础。"

4.3.2　作为营业外收入

公司将股东无偿赠予的资产，没有作为资本性投入计入资本公积，而是作为捐赠收入计入营业外收入的，根据《企业所得税法实施条例》第二十一条："企业所得税法第六条第（八）项所称接受捐赠收入，是指企业接受的来自其他企业、组织或者个人无偿给予的货币性资产、非货币性资产。接受捐赠收入，按照实际收到捐赠资产的日期确认收入的实现。"

企业接收股东划入资产，凡作为收入处理的，应按公允价值计入收入总额，计算缴纳企业所得税，同时按公允价值确定该项资产的计税基础。

4.4　关联交易与股权代持的涉税风险

4.4.1　关联交易的涉税风险

《公司法》在 2023 年修订之前，对关联交易就有规定，修订后又扩大了可以作为关联关系主体的范围，将公司的董事、监事、高级管理人员的近亲属以及其他关联方，纳入了关联交易的范畴。同时明确了同一控制下的子公司之间的关联交易，损害债权人利益要承担连带的赔偿责任。

1. 关联关系

按《公司法》的规定，所谓的关联关系，是指公司控股股东、实际控制人、董事、监事、高级管理人员与其直接或者间接控制的企业之间的关系，以及可能导致公司利益转移的其他关系。但是，国家控股的企业之间，不因为同受国家控股而具有关联关系。

《公司法》对关联关系作出规定，是为了防止公司的控股股东、实际控制人，董事、监事、高级管理人员及相关人员利用关联关系来损害公司和债权人的利益。

为了防止企业在关联交易中损害国家的税收利益，税法也对关联关系作出了规定，并且税法上所认定的关联关系的范围要比《公司法》更大。税法从资金、经营、购销等方面存在的直接或者间接的控制关系；直接或者间接地同为第三者控制，在利益上具有相关联的其他关系等方面对关联关系作出了明确规定。

《公司法》中的公司控股股东、实际控制人以及董事、监事、高级管理人员利用关联关系，通过价格控制将公司的利润转移至其所控制的公司，或低价转让公司的资产，或低价转让公司股权等交易行为，在损害公司和公司债权人利益的同时，也会损害国家的税收利益。两者是一致的，并不矛盾。

对企业的关联交易，按照税法关于反避税的相关规定，税务机关可以开展反避税调查，对不符合独立交易原则的，应当作出纳税调整。

2. 股东借款

按新《公司法》的规定，股东出资到位的期限最长不能超过 5 年。股东在 5 年的时间内出资到位，又从公司将出资到位的钱借出的，此种行为可能构成抽逃出资，会受到市场监管部门的处罚；如果构成犯罪，还会被追究刑事责任。

对公司的自然人股东而言，如果股东从公司借款，没有用于公司的生产经营活动，且超过一个纳税年度，根据

《财政部 国家税务总局关于规范个人投资者个人所得税征收管理的通知》（财税〔2003〕158号）的规定，股东未归还的借款可视为公司对个人投资者的红利分配，依照"利息、股息、红利所得"项目计征个人所得税。

对公司而言，根据财税〔2016〕36号文的规定，单位或者个体工商户向其他单位或者个人无偿提供服务，应视同销售服务、无形资产或者不动产，但用于公益事业或者以社会公众为对象的除外。因此，公司无偿借款给股东，符合增值税视同销售的规定。在增值税上，资金借贷属于金融服务中的贷款服务，一般纳税人适用6%的税率，小规模纳税人适用3%的征收率。

3. 股东与家人的消费

在一些民营企业经营者的观念里，公司就是自己的，所以自己的生活费用和家人的生活费用可以在公司支出，没有任何不妥。他们认为这样自己既不用掏钱，这些费用又可以在企业所得税前扣除，少交了税，可谓一举两得。但这样的做法是违规的，会引起严重的税收后果和法律后果。

首先，从税收的角度来看。

（1）企业所得税。根据《企业所得税法》的规定，在企业所得税前扣除的费用，应当与公司的经营有关，并且是合理的，那些与公司经营无关的，不合理的支出，不允许在企业所得税前扣除。其中，不合理的支出就包括公司经营者与其家人的消费支出，这种行为符合《税收征收管理法》第六十三条对偷税行为的认定。

（2）个人所得税。财税〔2003〕158号文规定："以企业资金为本人、家庭成员及其相关人员支付与企业生产经营无关的消费性支出及购买汽车、住房等财产性支出，视为企业对个人投资者的红利分配，依照'利息、股息、红利所得'项目计征个人所得税。"

其次，从《公司法》的角度来看。

根据《公司法》的规定，股东滥用公司法人独立地位和股东有限责任，严重侵害债权人利益的，债权人可要求股东对公司债务承担连带责任。

股东将个人与家人的消费支出在公司报销，属于法人与个人财产的混同，一旦涉及诉讼，会被法院认定为法人人格的混同，进而否认公司的法人人格，判决由股东对公司的债务承担连带责任。如果公司欠缴税款，税务机关可以通过民事诉讼向公司的股东追缴欠税。

4.4.2　股权代持的涉税风险

股权代持在商业活动中较为常见，那么，对于代持行为，法律上有哪些规定呢？

对于未上市公司股权的代持，《最高人民法院关于适用〈中华人民共和国公司法〉若干问题的规定（三）（2020年修正）》明确规定，有限责任公司股权代持合同有效。但对于股份公司尤其是上市公司股票代持的效力，没有明确规定。

对于上市公司股票的代持，《公司法》第一百四十条规定："上市公司应当依法披露股东、实际控制人的信息，相关信息应当真实、准确、完整。禁止违反法律、行政法规的规定代持上市公司股票。"

《公司法》禁止上市公司代持股票的规定，意味着公司在上市之前就必须解决存在的代持问题，即物归原主，将隐名股东转成显名股东。

代持行为在代持阶段不涉及税收问题，但当实际出资人要求将股权从代持人名下过户到自己名下，由隐名股东变成显名股东，需要进行股权变更登记时，就会涉及税收问题。此种行为究竟属于财产返还还是股权转让，目前税法没有明确规定，实践中也存在着争议。如果确认是一种财产返还行为，物归原主不用征税；如果确认是一种股权转让行为，低价转让要有合理理由，否则会被税务机关核定征收税款。

案例链接：

代持股还原时税务局按净资产核定
征收个人所得税案

2021 年 9 月 30 日，广东 H 医疗科技股份有限公司在科创板首次公开发行股票招股说明书（注册稿）中披露了代持股的形成原因及解除情况。

1. 代持形成的原因

黄某自学生时期就对商业经营产生了浓厚的兴趣，1998 年从学校毕业后，开始尝试自主创业，涉及的领域包括名贵观赏鱼类及宠物养殖销售、化工产品贸易等。与此同时，黄某母亲戴某也在为黄某积极寻找具有发展前景的创业方向。黄某通过戴某认识了在医院工作的吴某，以及某医用导管有限责任公司员工李某、黄某洪和荆某。基于各自工作经验、专长以及对医疗器械行业发展前景的认可，各方决定合作设立发行人前身 N 公司，从事医用导管及附件、医疗器械的制造和经营。

当时黄某正从事名贵观赏鱼类及宠物的养殖和销

售，出于工作精力以及企业经营风险等因素的考虑，暂时难以全身心参与新设公司的经营，亦不愿作为显名股东。各方经沟通，决定暂由黄某的表兄马某代黄某持有股权，以尽快将 N 公司设立起来。黄某委托马某代持主要出于两方面的考虑：一是双方存在亲属关系，有相互信任的基础，由马某代为持有股权风险较小；二是马某曾任某通信设备线缆有限公司销售部主管，具有较为丰富的市场拓展及销售经验，可协助 N 公司在成立初期打开市场。

基于上述原因，在 N 公司成立时，各方均同意并认可由马某代黄某持有 N 公司股权。

2.代持解除过程

2009 年，考虑到 N 公司持续稳定发展，产品布局和市场渠道已初见成效，预计未来几年仍将保持快速增长，黄某逐步将经营重心转移到 N 公司，并开始筹划上市。2011 年 5 月，在中介机构的指导下，黄某将与马某之间的代持安排还原为真实持股情况，具体过程如下。

2011 年 4 月 20 日，N 公司召开股东会并通过决议，同意马某将其持有的 N 公司 47.40% 的股权（对应出资额 474 万元）转让给黄某，转让价格为 474 万元；同日，马某与黄某签订了股权转让合同。同时，为对马某之前的工作进行奖励，黄某将剩余 3.60% 的股权无偿赠予马某。

2011 年 5 月 23 日，N 公司完成了股权变更的工商登记。鉴于上述股权转让是股权代持的解除，故黄某先于 2011 年 6 月向马某支付了股权转让对价 474 万元，后期由马某将该笔款项返还给黄某。

后经市税务局审核后确认，上述股权转让应按照实际转让价格与每股净资产之间的差额核定征收个人所得税 139.45 万元。2014 年 1 月，马某按规定向税务部门申报缴纳了个人所得税，相关税款实际由黄某支付。

4.5　法律责任

4.5.1　股东承诺不实

按现行公司登记的相关规定，公司在注销时如果没有未清偿的债务，也没有涉税问题，那么在公司全体股东作出承诺，签署《全体投资人承诺书》，承诺"本企业申请注销登记前已将债务清算完结""本企业不存在未交清的应缴纳税款"等内容后，可以走简易注销程序。若公司简易注销后，被发现存在债务或者涉税问题，那么根据《公司法》第二百四十条的规定，对于公司的债务，做出承诺的股东要对所承诺的内容承担连带责任。

换句话说，对于采取简易程序注销的公司，如果税务机关在该公司简易注销后，发现该公司在经营期间存在少交税款的行为，可以直接向公司的股东追缴税款及滞纳金。

目前，税务机关追缴税款的方式主要有以下两种。

1. 恢复已注销公司的税务登记，追缴税款和滞纳金

关于已注销公司恢复税务登记，目前在税收方面没有明确的规定，但是根据《公司登记管理条例》及《市场监督管理严重违法失信名单管理办法》的规定，公司在注销登记中隐瞒真实情况、弄虚作假的，登记机关可以依法做出撤销注销登记等处理。因此，税务机关可以对已办理撤销工商注销登记的公司恢复税务登记，以对其追缴税款和滞纳金。

2. 通过民事诉讼追缴已注销公司的欠税和滞纳金

公司欠税也是一种债，只是债权人是国家，在民事法律制度上，公司所欠税款对税务机关而言是一种公债权，既然属于债权，税务机关作为债权人自然可以通过民事诉讼，依据法院判决向公司追缴所欠税款和滞纳金。

4.5.2 股东抽逃出资

在注册资本认缴制之前，《公司法》采取的是实缴制，

实缴制要求股东有一定的实力，在公司成立时，资金便要到位，如此一来，那些经济实力不足，又要成立公司的股东，往往会采取借钱验资，验资后迅速抽逃出资的方法来解决注册资本到位的问题。

2023 年《公司法》修订后，采取了限期认缴制，即股东对所认缴出资应在 5 年内出资到位，虽然比实缴制要求宽松一些，但也不排除那些实力较弱的股东，采取以前实缴制下抽逃出资的套路。

对于股东抽逃出资，在《公司法》上是不允许的，在税收上也有很大风险。以下列举了股东抽逃出资的几种情形及对应的税务问题。

1. 制作虚假会计报表，虚增利润进行分配

（1）企业制作虚假会计报表虚增利润，须多交企业所得税。

（2）在向股东分红派息时，按 20% 的税率缴纳个人所得税。

（3）由于虚增利润，企业的计税依据一定是虚假的，对于企业计税依据虚假的违法行为，按《税收征收管理法》的规定，应处以 50 000 元以下罚款的行政处罚。

2. 通过虚构债权债务关系将股东出资转出

如前文所述，股东以各种理由向公司借款，借款后长期不还的，按税法规定，借款超过一年而又未用于企业生产经营的，税务机关应当向股东按"利息、股息、红利所得"征收个人所得税。

3. 利用关联交易将出资转出

按税法规定，关联企业应当按照独立企业之间的业务往来收取或者支付价款、费用。不按照独立企业之间的业务往来收取或者支付价款、费用而减少其应纳税所得额的，税务机关有权进行合理调整。

4. 其他未经法定程序将出资抽回的

例如，股东通过向企业捐赠的方式抽逃资金。按税法规定，企业无偿赠予，无论在企业所得税还是增值税上，都应按视同销售缴纳税款。

当然，股东抽逃出资的方式不仅仅是以上所列举的几种，但不论采取何种方式，只要涉及交易，取得的所得都与税相关，都要承担相应的税收风险。

4.5.3　法人人格的否定

当下的公司均采取法人制的法理模式，因此无论是有限责任公司，还是股份有限公司，均为公司法人。

法人制最大的特点是可以规避投资风险，作为公司的股东，其所承担的责任是有限的，即以自己所有的出资为公司的债务承担责任。换句话说，股东出资 100 万元，就承担 100 万元的债务责任，赔光赔净为止，而不会涉及自己的其他个人财产。

有限责任能够有效地规避投资风险，保护投资者的利益，同时调动投资者投资的积极性，促进社会经济的发展。但在司法实践中，有些投资者会利用有限责任公司的模式，滥用公司法人独立地位，恶意逃避债务，损害债权人的利益。

《公司法》在 2023 年修订以前，对纵向法人人格否定作出了规定，即"公司股东滥用公司法人独立地位和股东有限责任，逃避债务，严重损害公司债权人利益的，应当对公司债务承担连带责任""一人有限责任公司的股东不能证明公司财产独立于股东自己的财产的，应当对公司债务承担连带责任"。

2023 年《公司法》修订后，增加了公司横向法人人格的否定。新《公司法》第二十三条规定："公司股东滥用公司法人独立地位和股东有限责任，逃避债务，严重损害公司债权人利益的，应当对公司债务承担连带责任。股东利用其控制的两个以上公司实施前款规定行为的，各公司应当对任一公司的债务承担连带责任。"

换句话说，在新《公司法》下，公司股东如果滥用公司法人独立地位和股东有限责任，逃避欠税，损害了国家税收利益，公司股东及其所控制的任一公司都应对其所欠税款承担连带责任。税务机关可以以债权人的身份提起民事诉讼，请求法院判决公司股东或其控制下任一公司对其所欠税款承担赔偿责任。

例如，王某投资甲公司，出资 100 万元，公司经营不好，负债 300 万元，对此王某所要承担的责任，仅是将出资的 100 万元用于赔偿公司所承担的债务。但是，作为公司股东，王某若为了逃避债务滥用公司的有限责任，损害了债权人利益，则王某对债权人所承担的责任，就不仅仅是出资的 100 万元，而是他所有的资产。

实践中，会存在股东滥用公司法人独立地位和股东有限责任逃避债务，严重损害债权人利益的情形，如人格混同、过度支配与控制、资本显著不足等。

公司所欠税款也是一种债权，在《税收征收管理法》中有关于撤销权与代位权的规定，如果税务机关在追偿公司所欠税款时，发现公司的股东有滥用公司法人独立地位和股东有限责任逃避欠税的情形，给国家税收利益造成损失的，税务机关可以通过民事诉讼，依照法律规定直接向股东追缴所欠税款。

4.5.4 利润分配

公司在生产经营过程中，如果挣了钱，有了利润，就应当向股东分红，不同的分红方式会带来不同的税收后果。

新《公司法》对有限责任公司和股份有限公司的利润分配作出了不同的规定：

（1）有限责任公司按照股东实缴的出资比例分配利润，全体股东约定不按照出资比例分配利润的除外；

（2）股份有限公司按照股东所持有的股份比例分配利润，公司章程另有规定的除外；

（3）公司持有的本公司股份不得分配利润。

同时，新《公司法》又对分配的期限作出了规定：股东会作出分配利润决议的，董事会应当在股东会决议作出之日起 6 个月内进行分配。

在税务检查的过程中，凡是有限责任公司股东没有约定利润分配比例，股份有限公司的公司章程中没有规定利润分配比例的，如果存在股东之间利润分配不均的情况，会成为税务检查的重点。同样，股东会作出利润分配决议，而董事会在 6 个月内仍未完成分配的，也会成为税务检查的重点。

05

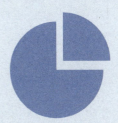

第 5 章
企业注销与税

优胜劣汰是市场经济的不二法则。在市场经济的大潮中，做得好的企业，可以长袖善舞，重组兼并形成企业集团；做得不好的企业，要么在生死线上苦苦挣扎，要么解散或破产，除此没有别的选择。

当然，市场经济是法治经济，企业的一切经营活动都应当按照法律的规定来，而不能"说生就生，说死就死"。企业的登记成立需要按照法律规定的流程办理，注销退出同样也是如此。

企业的注销登记一般要经历解散、清算、注销三个步骤。以企业中的公司（有限责任公司和股份有限公司）为例，按照《公司法》的规定，其注销退出流程如图 5-1 所示。

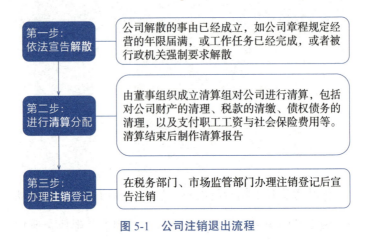

图 5-1 公司注销退出流程

5.1 解散

通常来说，企业章程会规定企业的经营时间或经营目标，当企业的经营时间届满或经营目标已达成，企业解散的法定事由就已成立，企业就可以进入注销登记程序。当然，并不是所有的企业都可以"寿终正寝"，也有一部分企业因在经营中存在违法行为，而被市场监管部门或司法机关依照法律规定强制解散。

由此可以看出，企业的解散主要分为两种：自愿解散和强制解散。

5.1.1　自愿解散

对于自愿解散，不同的市场主体有不同的决策部门，公司是股东会或者股东大会，合伙企业是合伙人，个人独资企业是投资人等。

（1）公司解散的情形包括公司章程规定的营业期限届满或者公司章程规定的其他解散事由出现，股东会或股东大会决议解散，因公司合并或者分立需要解散等。

（2）合伙企业解散的情形包括全体合伙人决定解散，合伙协议约定的解散事由出现，合伙期限届满，合伙人决定不再经营等。

（3）个人独资企业解散的情形包括投资人决定解散等。

这里还要提一下农民专业合作社（联合社）的解散，其解散情形包括成员大会决议解散，章程规定的解散事由出现等。

5.1.2 强制解散

强制解散又分为行政决定解散和司法判决解散两种。

（1）行政决定解散。行政决定解散是行政机关的一种主动作为，不需要企业申请。企业在市场经营的过程中违反相关法律规定的，可能会被行政机关依法吊销营业执照、责令关闭或者被撤销。

（2）司法判决解散。司法判决解散是依照公司股东申请而采取的司法行动，是一种依申请的法律行为。简单来说，就是按《公司法》的规定，因公司经营管理发生严重困难，继续存续会使股东利益受到重大损失，通过其他途径不能解决的，持有公司全部股东表决权百分之十以上的股东，请求人民法院判决解散公司的情形。

5.2 清算

　　企业注销之前应当进行清算。所谓的清算，就是企业要把自己的各项债权债务理得清清楚楚，各类资产情况搞得明明白白，这不仅是企业自己要做的事，也是企业应履行的法定义务。

5.2.1 清算目的

　　企业清算的目的非常简单，在搞清企业债权债务和资产的基础上，企业该还的钱要力争还上，使债权人利益不受损害或少受损害。如此，营商环境才能得到净化，市场竞争的游戏规则才不会受到破坏，游戏才能继续玩下去。

　　除了债权人的利益，投资人的利益也应当受到保护。投资人是企业财产的所有人，对企业的财产享有占有、使用、处分等权利，而只有在清算家底的基础上，这些权利才能得到有效保护。

当然，企业职工的利益同样应当受到保护。干了活就应该拿钱，这是市场的基本逻辑。企业要注销登记，如果清算后有资产，应当先偿还职工的工资。因此，企业的清算对职工权益的保护至关重要。

企业作为市场经济的主体，整个社会的一个基本元素，其也承担着相应的社会责任和义务，而这些社会责任和义务履行的基础是企业的资产状况，缺少这一点，所有的责任和义务都是水中月、镜中花。所以，注销前的清算也是保护社会利益的一种有效方式。

企业有自身的利益需要保护，这是以清算为前提的。根据《民法典》的规定，法人解散的，除合并或者分立的情形外，清算义务人应当及时组成清算组进行清算。非法人组织解散的，应当依法进行清算。清算的重要内容是企业清理各类资产，清结各项债权债务。

清算的目的在于保护债权人的利益、投资人的利益、企业的利益、职工的利益以及社会公共利益。法人的清算程序和清算组职权，依照有关法律的规定；没有规定的，参照适用公司法律的有关规定。

5.2.2 清算组及其职责

1. 清算组的成立

企业注销要依法进行清算，既然是清算，就要有人负责，这个负责的机构被称为清算组。

（1）公司清算组

按规定，公司解散事由出现后，应当在15日内成立清算组。

有限责任公司的清算组由股东组成；股份有限公司的清算组由董事会成员组成；一人有限责任公司的清算组成员，可以由该一人股东担任。

清算组负责对公司的债权债务资产进行清算。如果公司在15日内不能成立清算组，则债权人、股东或其他利害关系人可以申请人民法院指定相关人员成立清算组。

企业的解散清算属民事法律制度规制的范畴，应当遵循意思自治的原则。清算组成员的选择也是如此。公司章程中可以事先约定清算组成员，或清算组成员产生的条件和程序；如果公司章程没有事先约定，也可以由股东大会通过决议来确定清算组成员。

有限责任公司的清算组成员可以是公司的全体股东，也可以是部分股东；股份有限公司的清算组成员可以是全体董事，也可以是部分董事。清算组成员可以是自然人，也可以是法人或其他组织；清算组负责人由股东会或者股东大会在清算组成员中指定。

（2）非公司法人企业清算组

在当下的市场经济中，很多人会认为市场主体除了作为法人的公司、股份公司以及个人独资公司外，其他企业都不具有法人资格，属于非公司法人企业，如合伙企业、个人独资企业。

非公司法人企业是我国市场经济中一个特殊的存在，也是历史遗留下来的一种企业类型。

从非公司法人企业的定义上看，先表明了它是企业，不是事业单位，也不是行政机关，更不是社会团体。作为企业，其在市场上存在的主要目的是获取利润。

非公司法人企业包括全民所有制企业、集体所有制企业及联营企业。这三个类型的企业不受《公司法》的调整，而是由《城镇集体所有制企业条例》《乡村集体所有制企业条例》等法律进行规制和调整。

非公司法人企业在市场竞争中也要遵循优胜劣汰的法则，解散注销也不是什么奇怪的事。在解散事由成立时，非公司法人企业同样要成立清算组，对企业的资产和债权债务进行清理。

由于非公司法人企业没有股东大会，也不存在董事会、监事会等相应的公司治理组织，只有法定代表人，而法定代表人及其职权，是由出资人或主管部门来确定的。

因此，非公司法人企业成立清算组，可以由出资人或主管部门自行清算，或者组织有关人员进行清算。

（3）合伙企业与个人独资企业清算人

合伙企业与个人独资企业是除法人企业以外的其他市场主体。

① 合伙企业的清算人

作为市场主体之一的合伙企业，在完成了自己的工作任务后自愿解散，或被国家机关强制要求解散时，进行清算是其必须走的一个程序。

进行清算就要有清算组织，与公司成立清算组不同，合伙企业的清算组织被称为清算人，虽然称呼不同，但任务是一样的。

按相关规定，合伙企业的清算人由全体合伙人担任；经全体合伙人过半数同意后，也可以自合伙企业解散事由出现后 15 日内，指定一个或者数个合伙人，或委托第三人担任清算人，或由合伙人与第三人共同组成清算人开展清算活动。如果自合伙企业解散事由出现之日起，15 日内未确定清算人，合伙人或者其他利害关系人可以申请人民法院指定清算人。

② 个人独资企业清算人

个人独资企业的解散，其清算人由投资人担任，自行进行清算，或者由债权人申请人民法院指定清算人进行清算。

（4）农民专业合作社（联合社）清算组

农民专业合作社（联合社）的形式五花八门，有农户与村集体经济的合作，也有农户和企业的合作、农户与大专院校的合作等。按相关注销登记的规定，合作社要解散关门，进入注销程序，也要成立清算组进行清算。具体的规定是，农民专业合作社（联合社）解散，应在解散事由出现之日起 15 日内，由成员大会推举成员组成清算组，开始合作社解散清算工作。逾期不能组成清算组的，合作社的成员和债权人可以向人民法院申请，由人民法院指定成员，组成清算组进行清算。

2. 清算组的职责

在企业注销过程中，清算组占有举足轻重的地位。由于市场主体类型较多，不同类型的清算主体，其成立清算组的程序和方式可能不同，职责大同小异，下面我们以公司清算组的工作职责为例进行说明。

公司清算组对内有清算公司的业务职责，对外可代表公司处理相关的事宜。例如，公司在清算期间，有关的民事诉讼由清算组的负责人代表公司参与。尚未成立清算组的，由公司的法定代表人代表公司参与诉讼。

清算组只承担清算事务，而非处理所有与公司相关的事宜。公司清算期间，其市场主体地位尚未消失，股东会、股东大会仍然是公司的权力机构，因此清算组不能代行股东会、监事会及股东大会的相关职责。

清算组应定期向股东会、股东大会汇报清算工作的进展情况。清算方案、清算报告等由清算组向股东会、股东大会汇报，由股东会或股东大会加以确认。清算期间，清算组的清算工作仍然接受公司监事会的监督，监事会应及时提醒和纠正清算组的不当和违规行为。

5.2.3　发布清算组信息与债权人公告

企业的解散事由成立后，应当成立清算组，清算组需要发布清算组信息及债权人公告。

1. 发布清算组信息

公司、合伙企业、农民专业合作社（联合社）需要依法公告清算组信息，非公司法人企业、个人独资企业分别由其主管部门及投资人组织清算，无须公告清算组信息。

企业应通过国家企业信用信息公示系统公告清算组信息，内容包括名称、统一社会信用代码/注册号、登记机关清算组成立日期、注销原因、清算组办公地址、清算组联系电话、清算组成员（姓名 / 名称、证件类型 / 证照类型、证件号码 / 证照号码、联系电话 / 地址、是否为清算组负责人）等。

2. 发布债权人公告

债权人公告的信息主要包括：名称、统一社会信用代码 / 注册号、登记机关、公告期自、公告期至、公告内容、债权申报联系人、债权申报联系电话、债权申报地址。

（1）公司清算组应当自成立之日起 10 日内通知债权人，并于 60 日内发布债权人公告。债权人应当自接到通知书之日起 30 日内，未接到通知书的自公告之日起 45 日内，向清算组申报其债权。

（2）合伙企业清算人自被确定之日起 10 日内将合伙企业解散事项通知债权人，并于 60 日内发布债权人公告，债权人应当自接到通知书之日起 30 日内，未接到通知书的自公告之日起 45 日内，向清算人申报债权。

（3）个人独资企业投资人自行清算的，应当在清算前 15 日内书面通知债权人，无法通知的，应当发布债权人公告。债权人应当在接到通知之日起 30 日内，未接到通知的应当自公告之日起 60 日内，向投资人申报其债权。

（4）农民专业合作社（联合社）清算组应当自成立之日起 10 日内通知农民专业合作社（联合社）成员和债权人，并于 60 日内发布债权人公告。债权人应当自接到通知之日起 30 日内，未接到通知的自公告之日起 45 日内，向清算组申报债权。

（5）非公司法人企业发布债权人公告的，可通过报纸或国家企业信用信息公示系统发布。

5.2.4　清算工作内容

清算组信息及债权人公告发布后，下一步就要正式开展清算工作了。清算工作的具体内容如下：

（1）清算组负责清理企业财产，分别编制资产负债表和财产清单；

（2）处理与清算有关的未了结的业务；

（3）结清职工工资；

（4）缴纳行政机关、司法机关的罚款和罚金；

（5）向海关和税务机关清缴所欠税款以及清算过程中产生的税款并办理相关手续，包括滞纳金、罚款、缴纳减免税货物提前解除海关监管需补缴税款以及提交相关需补办许可证件，办理企业所得税清算、办理土地增值税清算、结清出口退（免）税款、缴销发票和税控设备等；

（6）合伙企业、个人独资企业的清算所得应当视为年度生产经营所得，由投资者依法缴纳个人所得税；

（7）存在涉税违法行为的纳税人应当接受处罚，缴纳罚款；

（8）结清欠缴的社会保险费、滞纳金、罚款；

（9）清理债权、债务；

（10）处理企业清偿债务后的剩余财产；

（11）代表企业参加民事诉讼活动；

（12）办理分支机构注销登记；

（13）处理对外投资、股权出质等。

5.2.5　剩余财产分配

企业清算的最后一个环节是剩余财产分配，按规定，剩余财产分配是有顺序的。需要强调的是，在清算期间，企业不得开展其他经营性活动。

剩余财产分配的顺序如图 5-2 所示。

企业涉税业务难点分析与破解

第一步：支付清算费用	清算组在从事清算工作的过程中，需要支付相关费用，否则清算工作无法正常开展，因此，剩余财产先要用于支付清算组的费用
第二步：发放职工工资	企业之所以要注销，大多是因为经营情况不好，没有盈利，这就可能会拖欠职工工资。因此，在支付完清算费用后，剩余财产应当用于支付拖欠的职工工资
第三步：缴纳社会保险费和法定补偿金	欠缴社会保险费和法定补偿金会影响企业职工的养老及医疗等，因此，企业的剩余财产在支付完职工工资后，所要支付的就是社会保险费和法定补偿金
第四步：缴纳所欠税款	企业如有欠税，用剩余财产支付完上述相关费用后，须缴纳所欠税款
第五步：清偿企业的债务	对企业所欠债务，在缴纳完所欠税款后应当予以清偿
第六步：按股东的持股比例进行分配	在清偿完上述所有费用后，如果企业还有剩余财产，则应当按股东的持股比例进行分配

图 5-2　剩余财产分配的顺序

5.2.6 清算报告的确认

企业清算工作结束后，要制作清算报告，并向企业的权力机构汇报，由企业的权力机构进行确认。具体要求如下。

（1）有限责任公司：清算报告要由代表三分之二以上表决权的股东签字确认。

（2）股份有限公司：清算报告由股东大会确认，股东大会的主持人与出席会议的董事须签字。

（3）国有独资公司：清算报告由国务院、地方人民政府或其授权的本级人民政府国有资产监督管理机构签署确认。

（4）非公司法人企业：清算报告由非公司法人企业的出资人（主管部门）签署确认。

（5）合伙企业：清算报告由全体合伙人签署确认。

（6）个人独资企业：清算报告由投资人签署确认。

（7）农民专业合作社（联合社）：由成员大会、成员代表大会，本社成员表决权总数三分之二以上成员签署确认。

（8）人民法院组织清算：人民法院组织清算的清算报告，由人民法院确认。

5.3　注销

企业在清算结束后，下一步就是办理注销手续，包括注销税务登记、企业登记、社保登记，如果有海关业务，还要办理海关报关单位备案注销等事宜。

5.3.1　普通注销程序

企业注销分为普通注销和简易注销，普通注销程序如表 5-1 所示。

表 5-1　企业普通注销程序

注销步骤	具体说明
1. 申请注销税务登记	未办理过涉税事宜的纳税人，主动到税务部门办理清税的，税务部门可根据纳税人提供的营业执照即时出具清税文书
	符合承诺制容缺即时办理条件的纳税人，在办理税务注销时，资料齐全的，税务部门即时出具清税文书；若资料不齐，可在作出承诺后，税务部门即时出具清税文书，纳税人应按承诺的时限补齐资料并办结相关事项。承诺制容缺即时办理的条件如下： （1）办理过涉税事宜但未领用发票（含代开发票），无欠税（滞纳金）及罚款且没有其他未办结事项的纳税人，主动到税务部门办理清税的 （2）未处于税务检查状态、无欠税（滞纳金）及罚款、已缴销增值税专用发票及税控设备，且符合下列情形之一的纳税人：纳税信用级别为 A 级和 B 级；控股母公司纳税信用级别为 A 级的 M 级纳税人；省级人民政府引进人才或经省级以上行业协会等机构认定的行业领军人才等创办的企业；未纳入纳税信用级别评价的定期定额个体工商户；未达到增值税纳税起征点
	不符合承诺制容缺即时办理条件的（或虽符合承诺制容缺即时办理条件但纳税人不愿意承诺的），税务部门向纳税人出具《税务事项通知书》（告知未结事项），纳税人先行办理完毕各项未结事项后，方可申请办理税务注销
	经人民法院裁定宣告破产或强制清算的企业，管理人持人民法院终结破产程序裁定书或强制清算程序的裁定申请税务注销的，税务部门即时出具清税文书
	纳税人办理税务注销前，无须向税务机关提出终止"委托扣款协议书"申请。税务机关办结税务注销后，委托扣款协议自动终止

（续表）

注销步骤	具体说明
1. 申请注销税务登记	注意事项：企业存在依法应在税务注销前办理完毕但尚未办结涉税事项的，应在办理完毕后再申请注销。对于存在未办结涉税事项且不符合承诺制容缺即时办理条件的企业，税务机关不予注销。例如，持有股权、股票等权益性投资、债权性投资或土地使用权、房产等资产未依法清算缴税的；合伙企业、个人独资企业未依法清算缴纳个人所得税的；出口退税企业未结清出口退（免）税款等
2. 申请注销企业登记	企业涉税事宜办理完成后，清算组可以向登记机关提交注销登记申请书、注销决议或者决定、经确认的清算报告和清税证明等相关材料申请注销登记
	登记机关和税务机关已共享企业清税信息的，企业无须提交纸质清税证明文书
	领取了纸质营业执照正副本的，缴回营业执照正副本；营业执照遗失的，可通过国家企业信用信息公示系统或公开发行的报纸发布营业执照作废声明
	国有独资公司申请注销登记，还应当提交国有资产监督管理机构的决定，其中，国务院确定的重要的国有独资公司，还应当提交本级人民政府的批准文件复印件
	仅通过报纸发布债权人公告的，需要提交依法刊登公告的报纸报样
	企业申请注销登记前，应当依法办理分支机构注销登记，并处理对外投资的企业转让或注销事宜
3. 申请注销社会保险登记	办理社会保险注销登记的时间：自办理企业注销登记之日起 30 日内
	需要提供的资料： （1）向社会保险登记机构提交注销社会保险登记的申请 （2）其他有关注销文件

（续表）

注销步骤	具体说明
3.申请注销社会保险登记	办理机构：企业成立时在哪个社会保险登记机构办理的社会保险登记，注销时就应当在哪个社会保险登记机构办理
	办理程序：企业在办理社会保险注销登记时，首先要提交办理注销登记的申请及相关资料；其次应当结清欠缴的社会保险费、滞纳金、罚款

　　企业在注销的过程中，如果股东失联或者不配合，企业注销就会存在一些麻烦。有限责任公司存在股东失联、不配合等情况难以注销的，在经书面及报纸（或国家企业信用信息公示系统）公告通知全体股东，召开股东会形成符合法律及章程规定表决比例的决议并成立清算组后，可向企业登记机关申请办理注销登记。

　　对于企业已出现解散事宜，但负有清算义务的投资人拒不履行清算义务或者因无法取得联系等情形不能成立清算组进行清算的，债权人、股东、利害关系人等可依照《中华人民共和国公司法》《中华人民共和国合伙企业法》《中华人民共和国个人独资企业法》等法律法规的规定，申请人民法院指定有关人员组成清算组进行清算。

另外，如果企业丢失了营业执照和公章，在办理注销时也会遇到一些麻烦。这种情况下，企业可根据以下要求办理：

（1）营业执照遗失的企业，可在国家企业信用信息公示系统或公开发行的报纸上发布执照遗失公告，无须申请补发营业执照；

（2）非公司法人企业公章遗失的，由其上级主管单位法定代表人签字并加盖上级主管单位公章进行确认，相关注销材料可不盖公章；

（3）公司公章遗失的，由符合公司法和章程规定表决权要求的股东签字盖章进行确认，相关注销材料可不盖公章；

（4）农民专业合作社（联合社）有前述第（3）种情况的，可参照执行；

（5）合伙企业和个人独资企业公章遗失的，由全体合伙人签字盖章、投资人签字确认，相关注销材料可不盖公章。

5.3.2 简易注销程序

企业简易注销程序适用于那些未发生债权债务，或者发生的债权债务已经全部结清的企业，但不包括上市公司。企业若符合以下情形，可以直接向市场监管部门申请简易注销，而无须办理清税证明：未办理过涉税事宜；办理过涉税事宜但未领用发票（含代开发票），无欠税（滞纳金）及罚款，且没有其他未办结涉税事项的纳税人。

1. 简易注销办理流程

企业办理简易注销，需要按照规定的流程办理，具体步骤如下。

（1）登录注销"一网"服务平台或国家企业信用信息公示系统《简易注销公告》专栏，向社会公告拟申请简易注销登记及全体投资人承诺等信息，公示期为 20 日。

（2）公示期内，有关利害关系人及相关政府部门可以通过《简易注销公告》专栏"异议留言"功能提出异议并简要陈述理由。超过公示期，公示系统不再接受异议。

（3）税务机关对以下情形未提出异议：

一是未办理过涉税事宜的纳税人；

二是办理过涉税事宜但未领用发票（含代开发票），无欠税（滞纳金）及罚款，且没有其他未办结涉税事项的纳税人；

三是查询时已办结缴销发票、结清应纳税款等清税手续的纳税人；

四是无欠缴社会保险费、滞纳金、罚款。

（4）公示期届满后，无异议的企业可在公示期满后20日内向登记机关办理简易注销登记。期满未办理的，登记机关可以延长时限，但最长不超过30日。企业在公示后，不得从事与注销无关的生产经营活动。

2. 不适用简易注销程序的情形

需要说明的是，有些企业虽然在注销登记前不存在未结清清偿费用、职工工资、社会保险费、法定补偿金、应缴纳税款（滞纳金、罚款）等债权债务，但也不适用简易注销程序。企业存在以下情形时，不适用简易注销程序：

（1）法律、行政法规或者国务院决定规定在注销登记前须经批准的；

（2）被吊销营业执照、责令关闭、撤销的；

（3）在经营异常名录或者市场监督管理严重违法失信名单中的；

（4）存在股权（财产份额）被冻结、出质或者动产抵押，或者对其他企业存在投资等情形；

（5）尚持有股权、股票等权益性投资、债权性投资或土地使用权、房产等资产的；

（6）未依法办理所得税清算申报或有清算所得未缴纳所得税的；

（7）正在被立案调查或者采取行政强制措施，正在诉讼或仲裁程序中的；

（8）受到罚款等行政处罚尚未执行完毕的；

（9）不适用简易注销登记的其他情形。

根据《市场监管总局 海关总署 税务总局关于发布〈企业注销指引（2023年修订）〉的公告》（2023年第58号）的规定，如果企业在注销时存在"被列入企业经营异常名录""存在股权（财产份额）被冻结、出质或动产抵押等情形""企业所属的非法人分支机构未办注销登记的"三种情形，则不适用简易注销登记程序，但为了方便企业的注销，企业如果申请了简易注销，则无须撤销简易注销公示，待异常状态消失后可再次依程序公示申请简易注销登记。

企业承诺书中文字、形式填写不规范的，市场监管部门应在企业补正后予以受理其简易注销申请，无须重新公示。

3. 个体工商户的简易注销

个体工商户是市场主体的一种，在开办时也要办理营业执照和税务登记，因此在注销时，同样需要注销营业执照和税务登记。

在营业执照、组织机构代码证、税务登记证"三证合一"实施后，设立登记的个体工商户，可通过简易程序办理注销登记。

（1）个体工商户提交简易注销登记申请表，无须提交承诺书，也无须公示。

（2）市场监管部门应当在1个工作日内将个体工商户拟申请简易注销登记的相关信息通过省级统一的信用信息共享交换平台、政务信息平台、部门间的数据接口（统称信息共享交换平台）推送给同级税务等部门。

（3）税务等部门于 10 日内反馈是否同意简易注销。税务等部门无异议的，市场监管部门应当及时为个体工商户办理简易注销登记。

第 6 章

"反向开票"

刺激消费是拉动经济增长重要的一环。而在居民耐用消费品达到设计使用年限的情况下，推动以旧换新，既可以解决企业的商品库存问题，为企业去库存，减轻企业的负担，又可以通过消费品的升级换代拉动经济增长，可谓一举两得。

2024 年 2 月，中央财经委员会第四次会议就推动设备更新和消费品以旧换新作出部署安排。2024 年 3 月，国务院印发《推动大规模设备更新和消费品以旧换新行动方案》，其中明确提出了"推广资源回收企业向自然人报废产品出售者'反向开票'做法"。同年 4 年，国家税务总局印发《关于资源回收企业向自然人报废产品出售者"反向开票"有关事项的公告》（国家税务总局公告 2024 年第 5 号），明确自 2024 年 4 月 29 日起，自然人报废产品出售者（以下简称出售者）向资源回收企业销售报废产品，符合条件的资源回收企业可以向出售者开具发票，即"反向开票"。

6.1 什么是"反向开票"

有"反向开票"自然就有正向开票，搞清楚了什么是正向开票，也就能明白"反向开票"的概念了。那么，什么是正向开票呢？举个简单的例子，甲公司有一批货卖给了乙公司，乙公司付了钱，然后收了货，甲公司收了钱，向乙公司开发票，这种情况就属于正向开票，即由收款方向付款方开发票。"反向开票"与正向开票的流程刚好相反，即由付款方向收款方开票。

6.1.1 相关法律依据

"反向开票"属于一种特殊情况，其有法律依据，《中华人民共和国发票管理办法》（以下简称《发票管理办法》）

第十八条规定:"销售商品、提供服务以及从事其他经营活动的单位和个人,对外发生经营业务收取款项,收款方应当向付款方开具发票;特殊情况下,由付款方向收款方开具发票。"其中,前一句说的是正向开票,后一句则说的是"反向开票"。

资源回收企业"反向开票",指的是出售方向资源回收企业销售报废产品时,符合条件的资源回收企业可以向出售者开具发票。资源回收企业的"反向开票"不是一个新事物,从1994年税制改革开始就已经有了。基于资源回收企业与农产品收购企业的特殊情况,当时政策允许资源回收企业与农产品收购企业"反向开票",但由于此后很长一段时间实务中存在虚开等问题且难以解决,因此资源回收企业的"反向开票"在2009年被叫停了。

没有发票,资源回收企业就无法按10%的扣除率计算抵扣进项税,所得税前也无法扣除。为了解决资源回收企业进项少的问题,财政部、税务总局共同发布了《关于完善资源综合利用增值税政策的公告》(财政部 税务总局公告2021年第40号),允许资源回收企业按3%的征收率进行简易计税，但因无票，企业仍无法在所得税前扣除。

2024 年，国家税务总局发布的《关于资源回收企业向自然人报废产品出售者"反向开票"有关事项的公告》"旧事重提"，又允许资源回收企业进行"反向开票"，这无疑对资源回收企业是一个重大利好。

6.1.2　开票方与受票方

"反向开票"无论是对开票方还是受票方，都是有具体要求的，资源回收企业并非在任何情况下都可以"反向开票"。资源回收企业是"反向开票"的开票方，受票方是出售自己使用过的报废产品或销售报废产品的自然人。开票方与受票方应具备的条件如表 6-1 所示。

表 6-1　开票方与受票方应具备的条件

项目		具体条件
开票方	主体	实施"反向开票"的资源回收企业可以是所有类型的市场主体，包括股份有限公司、有限责任公司、个人独资公司、合伙企业、个人独资企业以及个体工商户

（续表）

项目		具体条件
开票方	范围（应当符合三项条件之一）	（1）从事危险废物收集的，应当符合国家危险废物经营许可证管理办法的要求，取得危险废物经营许可证
		（2）从事报废机动车回收的，应当符合国家商务主管部门出台的报废机动车回收管理办法要求，取得报废机动车回收拆解企业资质认定证书
		（3）除危险废物、报废机动车外，其他资源回收企业应当符合国家商务主管部门出台的再生资源回收管理办法要求，进行经营主体登记，并在商务部门完成再生资源回收经营者备案
	其他要求	实施"反向开票"的资源回收企业，应当实际从事资源回收业务。如果资源回收企业没有开展资源回收业务，即便满足了资源回收企业的基本条件，也不能实施"反向开票"
受票方	适用对象	"反向开票"的受票方是自然人，如果是企业则不能享受该待遇
	业务范围	销售的必须是报废产品，如果是正常产品，则不能享受"反向开票"待遇
	报废产品的来源	销售的报废产品可以是自己使用过的，也可以是自己收购来的
	限制条件	"反向开票"受票方的自然人，12个月累计销售额不得超过500万元（不含增值税）。如果超过500万元，资源回收企业则不得再向自然人进行"反向开票"，同时应当引导持续从事报废产品出售业务的自然人依法办理经营主体登记，按照规定自行开具发票 500万元的销售额包括一个公司向自然人开票的销售额，也包括数个公司向自然人开票的销售额

6.1.3 "反向开票"的业务范围

如前所述，反向开票是自然人向资源回收企业销售报废产品时，企业向自然人开具发票。那么，什么是报废产品呢？

《关于资源回收企业向自然人报废产品出售者"反向开票"有关事项的公告》对报废产品有明确的定义："报废产品，是指在社会生产和生活消费过程中产生的，已经失去原有全部或部分使用价值的产品。"从该定义来看，报废产品主要分为以下两种。

1. 在社会生产中失去全部或部分使用价值的产品

例如，企业生产汽车，由于质量把控不严或其他原因，造成汽车质量存在问题，彻底报废，没有了任何使用价值；或者部分汽车质量不达标，有安全隐患，虽然还能开，具有一定的使用价值，但也要做报废车辆处理。

2.在生活消费过程中产生的，已经失去原有全部或部分使用价值的产品

例如，汽车在日常行驶过程中因猛烈撞击彻底报废，没有了任何使用价值，只能做报废车辆处理；或者汽车已经达到了报废年限，虽然还能开，具有一定的使用价值，但要做报废车辆处理。

6.2 "反向开票"的操作事项

6.2.1 提交申请资料

企业在满足"反向开票"的条件后，须向税务机关提交申请资料，履行相关程序。根据规定，资源回收企业需要"反向开票"的，应当向主管税务机关提交《资源回收企业"反向开票"申请表》和相关证明材料。申请表的内容包括"反向开票"申请时间、回收报废产品类别、销售报废产品适用增值税计税方法等。相关证明材料为危险废物经营许可证，或报废机动车回收拆解企业资质认定证书，或商务部门再生资源回收经营者备案登记证明。

6.2.2　做好准备工作

资源回收企业满足"反向开票"的条件，并得到税务机关的允许后，需要做好以下准备工作。

1.选择开票系统

资源回收企业"反向开票"有两个系统可以使用，一是电子发票服务平台（数电票）；二是增值税发票管理系统。反向开具的发票上会标注"报废产品收购"字样。

2.设置商品编码

为了满足资源回收企业"反向开票"的需要，税务部门专门设置了"报废产品"类编码。编码包括废钢铁、废塑料等十大主要报废产品及其他报废产品。资源回收企业"反向开票"，以及纳税人销售报废产品自行开具发票时，均可适用。

3. 调整开票额度

实行"反向开票"的资源回收企业，原有的发票开具额度需要提高的，可以根据"反向开票"的实际经营需要，按照规定向主管税务机关申请调整发票额度，或者申请调整最高开票限额和份数。

6.2.3 反向开具发票的要求

1. 反向开具增值税发票

（1）资源回收企业销售报废产品适用增值税简易计税方法的，只可以反向开具普通发票，不得反向开具增值税专用发票。

（2）适用增值税一般计税方法的，既可以反向开具增值税专用发票，也可以反向开具普通发票。

（3）资源回收企业销售报废产品，增值税计税方法发生变更的，应当申请对"反向开票"的票种进行调整。

2. 红字发票的开具

根据规定，资源回收企业"反向开票"后，发生表 6-2 中相关情形的，需要开具红字发票。

表 6-2　红字发票的开具说明

项目	具体说明
需要开具红字发票的情形	销售退回
	开票有误
	销售折让
	其他可以"反向开票"的情形
填开要求	通过增值税发票管理系统开具红字发票的资源回收企业，须填开《开具红字增值税专用发票信息表》
	通过"电子发票服务平台"开具红字专用发票或普通发票的资源回收企业，须填开《红字发票信息确认单》
注意事项	填开《开具红字增值税专用发票信息表》或《红字发票信息确认单》时，应当填写对应的蓝字发票信息，红字发票的信息须与原蓝字发票的信息——对应

6.2.4　处理涉税事宜

根据规定，资源回收企业向销售方"反向开票"，需为销售方代办纳税申报、税款缴纳等相关涉税事宜，但在初次"反向开票"时，需就"反向开票"、代办纳税申报、税款缴纳等税费事宜征求销售方意见，并保留相关证明材料。销售方不同意的，资源回收企业不得向其"反向开票"。销售方可向税务机关申请代开发票。

销售方同意的，资源回收企业需要代办以下税费事项：

（1）资源回收企业按规定为销售方代办增值税及附加税费、个人所得税的申报事项，于次月申报期内向主管税务机关报送《代办税费报告表》和《代办税费明细报告表》；

（2）按规定缴纳代办税费。

对于未按规定期限缴纳代办税费的，主管税务机关可以暂停其"反向开票"资格，并按规定追缴不缴或者少缴的税费、滞纳金。

1. 增值税的适用政策

按《增值税暂行条例》的规定，增值税是以销售方作为纳税义务人，而增值税将纳税人按销售额划分为一般纳税人与小规模纳税人，自然人均属于小规模纳税人。按《关于资源回收企业向自然人报废产品出售者"反向开票"有关事项的公告》的规定，"反向开票"的销售方是自然人，因此只能是小规模纳税人。

（1）税收优惠政策

为了鼓励与促进小规模纳税人的发展，国家针对小规模纳税人出台了一系列税收优惠政策。这些税收优惠政策，"反向开票"的销售方能享受吗？

根据《关于资源回收企业向自然人报废产品出售者"反向开票"有关事项的公告》的规定，"反向开票"的出售者可适用小规模纳税人减免增值税的政策。具体内容如下：

① 出售者通过"反向开票"销售报废产品，可以享受

小规模纳税人月销售额 10 万元以下免征增值税的税收优惠政策；

② 出售者通过"反向开票"销售报废产品，可以享受 3% 征收率减按 1% 计算缴纳增值税等税收优惠政策；

③ 出售者通过"反向开票"销售报废产品，当月销售额超过 10 万元的，对其"反向开票"的资源回收企业，应当根据当月各自"反向开票"的金额为出售者代办增值税及附加税费申报，并按规定缴纳代办税费。

（2）计税方式的选择

增值税的计税方式有两种：一是一般计税方式，即凭增值税专用发票上所载明的进项税额，抵扣税款来计算增值税额；二是简易计税方式，即符合条件的一般纳税人按征收率计算缴纳增值税，与小规模纳税人的计税方式基本相同。

根据《财政部 税务总局关于完善资源综合利用增值税政策的公告》（财政部 税务总局公告 2021 年第 40 号）

规定，从事再生资源回收的增值税一般纳税人销售其收购的再生资源，可以选择适用简易计税方法，依照 3% 征收率计算缴纳增值税。但按《增值税暂行条例》的规定，选择简易计税的一般纳税人即使取得了增值税专用发票，也不能抵扣进项税额。

根据《关于资源回收企业向自然人报废产品出售者"反向开票"有关事项的公告》规定，允许该公告施行前已选择适用简易计税方法的一般纳税人，在 2024 年 7 月 31 日前改为选择适用一般计税方法。

值得注意的是，除上述情形外，资源回收企业选择增值税简易计税方法计算缴纳增值税后，36 个月内不得变更；变更为增值税一般计税方法后，36 个月内不得再选择增值税简易计税方法。

2. 个人所得税的适用政策

"反向开票"的销售方不仅要缴纳增值税及相关附加税费，还要缴纳个人所得税。

《关于资源回收企业向自然人报废产品出售者"反向开票"有关事项的公告》明确规定,"反向开票"的出售者,通过"反向开票"销售报废产品,按照销售额(不含增值税)的 0.5% 预缴经营所得个人所得税,由资源回收企业在"反向开票"时按规定代办申报事项、缴纳代办税费。

同时,出售者在"反向开票"的次年 3 月 31 日前,应当自行向经营管理所在地主管税务机关办理经营所得汇算清缴,资源回收企业应当向出售者提供"反向开票"和已缴税款等信息。

税务机关发现出售者存在未按规定办理经营所得汇算清缴情形的,将依法采取追缴措施,并要求资源回收企业停止向其"反向开票"。

上述关于"反向开票"个人所得税的适用政策,可以总结为以下四点:

(1)按经营所得缴纳个人所得税;

（2）预缴 0.5% 的个人所得税，由资源回收企业代申报、代扣代缴；

（3）出售者要在次年的 3 月 31 日之前，到经营所在地的税务机关办理汇算清缴；

（4）未按规定办理汇算清缴的，资源回收企业会被要求停止"反向开票"。

6.2.5　业务的真实性

按《发票管理办法》的规定，业务的真实性是发票开具的前提，没有业务就不能开具发票，无论是正向开票还是"反向开票"，都是如此。

纳税人如果没有真实的业务而开具了发票，无论开的是普通发票，还是增值税专用发票，都属于虚开，轻则会被税务机关进行行政处罚，重则会被司法机关追究刑事责任。

为了保证资源回收企业"反向开票"业务的真实性，《关于资源回收企业向自然人报废产品出售者"反向开票"有关事项的公告》明确要求，实行"反向开票"的资源回收企业，应当按照《税收征收管理法》及其实施细则的相关规定，保存能证明业务真实性的材料，包括收购报废产品的合同或协议、运输发票或凭证、货物过磅单、转账支付记录等，并建立收购台账，详细记录每笔收购业务的时间、地点、出售者及联系方式，报废产品名称、数量、价格等，以备查验。

同时，该公告明确了资源回收企业在办理"反向开票"业务时，须对其向主管税务机关提交的资料以及资源回收业务的真实性负责，如果发现资源回收企业提交虚假资料骗取"反向开票"资格，或资源回收业务是虚假的，税务机关将取消其"反向开票"资格，并依法追究责任。

第 7 章
关于涉税犯罪

2024 年 3 月，最高人民法院与最高人民检察院联合发布了《关于办理危害税收征管刑事案件适用法律若干问题的解释》（法释〔2024〕4 号）。这是近二十年来"两高"联合发布的一项非常重要的涉税犯罪司法解释。

最高人民法院与最高人民检察院在整合历年来涉税犯罪，即关于增值税专用发票犯罪、骗取出口退税罪、偷税和抗税罪等司法解释的基础上，对危害税收征管罪做出了更为明确和具体的解释。

例如，对虚开增值税发票这种犯罪到底是行为犯，还是结果犯，一直以来无论是理论界还是实务界都存在争议，虽然最高人民检察院在《最高人民检察院关于充分发挥检察职能服务保障"六稳""六保"的意见》中强调，

"注意把握一般涉税违法行为与以骗取国家税款为目的的涉税犯罪的界限，对于有实际生产经营活动的企业为虚增业绩、融资、贷款等非骗税目的且没有造成税款损失的虚开增值税专用发票行为，不以虚开增值税专用发票罪定性处理，依法作出不起诉决定的，移送税务机关给予行政处罚。"但是争论仍然存在。法释〔2024〕4号文再一次明确了最高人民检察院的观点，不以少缴税款为目的的虚开，不宜认定为虚开增值税专用发票罪。

法释〔2024〕4号文的发布适应了当下经济发展的需要，为加强税收征管提供了有力的帮助，同时宽严相济的立法原则，对于促进民营经济的发展，以及防范税收风险有现实意义。

7.1 逃税罪

7.1.1 逃税罪的行为特征

《中华人民共和国刑法》（以下简称《刑法》）第二百

零一条对逃税的行为特征做了一个简单的描述，即"纳税人采取欺骗、隐瞒手段进行虚假纳税申报或者不申报，逃避缴纳税款"，但对欺骗、隐瞒以及不申报所包含的内容，没有做出进一步的解释。这在司法实践中引起了不小的争议，执行过程中也出现了很多问题。

1. 虚假纳税申报

法释〔2024〕4号文对这一问题作出了明确解释，纳税人具有下列情形之一的，应当认定为采取"欺骗、隐瞒手段"进行虚假纳税申报：

"（一）伪造、变造、转移、隐匿、擅自销毁账簿、记账凭证或者其他涉税资料的；

（二）以签订"阴阳合同"等形式隐匿或者以他人名义分解收入、财产的；

（三）虚列支出、虚抵进项税额或者虚报专项附加扣除的；

（四）提供虚假材料，骗取税收优惠的；

（五）编造虚假计税依据的；

（六）为不缴、少缴税款而采取的其他欺骗、隐瞒手段。"

相较于《税收征收管理法》对偷税行为特征的描述，上述对逃税行为特征的描述范围更广，内容更具体。

2. 不申报纳税

什么是不申报纳税，如何定义不申报？《刑法》中对此并没有作出明确规定。这在司法实践中产生了一些争议。有些人认为，纳税人只要没有申报就构成的《刑法》中所说的不申报，一旦达到法定数额，就应当追究刑事责任。也有人认为，《刑法》主观上要求行为人必须是故意的，实践中一部分纳税人可能确实不知道应当申报纳税，若以逃税罪来追究刑事责任，显然与立法的精神不符，更何况在《税收征收管理法》中，就有关于通知申报而拒不申报，才能认定偷税的规定。

为了解决这样的争议，法释〔2024〕4号文对什么是"不申报"作出了明确的解释，即纳税人具有下列情形之一的，应当被认定为《刑法》中规定的"不申报"：

"（一）依法在登记机关办理设立登记的纳税人，发生应税行为而不申报纳税的；

（二）依法不需要在登记机关办理设立登记或者未依法办理设立登记的纳税人，发生应税行为，经税务机关依法通知其申报而不申报纳税的；

（三）其他明知应当依法申报纳税而不申报纳税的。"

为了提高税款征收的效率，在税收征管中，普遍采取代扣代缴的方法，即由支付方依法将收款方应当缴纳的税款，在向纳税人支付收入、结算货款、收取费用时扣下来，申报上缴税务机关。这种情况下，支付方是代扣代缴义务人。在履行代扣代缴义务前，支付方一般需要办理代扣代缴税务登记，若不履行代扣代缴义务，将会被税务机关处罚。

在税收征管的实践中，也存在代扣代缴义务人不履行代扣代缴义务，或者虽然代扣了税款，却没有履行代缴义务的情况。

代扣代缴义务人没有履行代扣代缴义务的，属于行政违法；如果履行了代扣义务，却没有将代扣的税款按规定申报缴纳，则有可能被追究刑事责任。

根据法释〔2024〕4号文的规定，对代扣代缴义务人而言，下列行为应当被认定为《刑法》中规定的"不申报"：代扣代缴义务人依法办理了登记，扣缴了税款而不申报纳税的；依法不需办理登记或者未依法办理登记的扣缴义务人，扣缴了税款，经税务机关依法通知其申报而不申报纳税的。

扣缴义务人采取上述行为，不缴或者少缴已扣、已收税款，数额较大的，依照《刑法》第二百零一条第一款的规定定罪处罚。扣缴义务人承诺为纳税人代付税款，在其向纳税人支付税后所得时，应当认定扣缴义务人"已扣、已收税款"。

最高人民法院与最高人民检察院关于"不申报"的解释具体而明确，主要目的在于解决逃税罪的主观故意问题。纳税人"不申报"具有主观故意，同时造成了国家税款损失，达到一定数额和比例的，会被追究刑事责任。

7.1.2 逃税罪的认定标准

关于逃税罪，并不是所有在主观上有逃税故意，在客观上实施了逃税行为的纳税人都会构成逃税罪，原因在于逃税罪是有标准的，这个标准就是逃税的数额，以及逃税数额占应纳税款的比例。

《刑法》只是对逃税罪主体主观与客观方面作出了界定，对标准只做了"数额较大""数额巨大"一些原则性规定，没有具体的数额。在最高人民检察院与公安部联合下发的关于涉税犯罪立案标准的相关文件中，对逃税罪的立案标准做了规定，并且根据社会经济发展的情况进行了几次调整。逃税罪的立案标准从最初逃税数额达到1万元，占应纳税款10%以上，调整到逃税数额在5万元以上，占应纳税款 10% 以上。

法释〔2024〕4 号文明确规定："纳税人逃避缴纳税款十万元以上、五十万元以上的，应当分别认定为刑法第二百零一条第一款规定的'数额较大''数额巨大'。扣缴义务人不缴或者少缴已扣、已收税款'数额较大''数额巨大'的认定标准，依照前款规定。"

《刑法》第二百零一条关于逃税罪有一个阻却条款，即纳税人、扣缴义务人有逃税行为，但在税务机关下达追缴通知书规定的期限内，补缴了税款、滞纳金，还有罚款的，不予追究刑事责任。需要注意的是，这里有个但书条款，即"五年内因逃避缴纳税款受过刑事处罚或者被税务机关给予二次以上行政处罚的除外"。简单来说，如果有上述行为，即使补缴了税款、罚款、滞纳金，依旧会被追究刑事责任。

法释〔2024〕4 号文对上述内容也作出了进一步规定，即："纳税人有刑法第二百零一条第一款规定的逃避缴纳税款行为，在公安机关立案前，经税务机关依法下达追缴通知后，在规定的期限或者批准延缓、分期缴纳的期限内足额补缴应纳税款，缴纳滞纳金，并全部履行税务机关作出的行政处罚决定的，不予追究刑事责任。纳税人有逃避缴纳税款行为，税务机关没有依法下达追缴通知的，依法不予追究刑事责任。"这就包含了以下两层意思：

一是纳税人、扣缴义务人在公安机关立案后，补缴税款、罚款和滞纳金的，仍要被追究刑事责任；

二是税务机关如果没有下达限期缴纳通知书，则不追究刑事责任。

7.1.3 涉嫌犯罪的主要情形

1. 编造虚假计税依据

实务中，有些人会通过编造虚假计税依据不缴或少缴税款，而少列收入、虚列支出都会造成计税依据的虚假。

根据《税收征收管理法》的规定，对于单纯的计税依据虚假，没有造成不缴或少缴税款后果的，如有的企业为了业绩或从银行贷款，故意做大销售收入，不仅没有少缴税款，反而多缴了税款，这种税收违法行为，会受到行政处罚。《税收征收管理法》第六十四条规定："纳税人、扣缴义务人编造虚假计税依据的，由税务机关责令限期改正，并处五万元以下的罚款。"

如果纳税人、扣缴义务人编造虚假计税依据，造成了不缴或少缴税款的后果，那么就不再适用上述规定，而应当适用《税收征收管理法》第六十三条的规定，定性为偷税，处所偷税款 50% 以上 5 倍以下的罚款。

因此，对于纳税人、扣缴义务人编造虚假计税依据，判断其适用《税收征收管理法》第六十三条还是第六十四条，标准只有一个，看其是否不缴或少缴了税款。

此次法释〔2024〕4 号文关于逃税罪的认定，将编造虚假计税依据作为逃税罪隐瞒、欺骗行为特征中的一种，单独进行了列示，应当是以不缴或少缴税款为条件的，换句话说，是与《税收征收管理法》第六十三条相衔接的。例如，纳税人、扣缴义务人编造的虚假计税依据造成少缴税款 5 万元，达不到逃税罪 10 万元的标准，此时，司法机关应当将案件移交税务机关进行行政处罚。税务机关应按《税收征收管理法》第六十三条的规定对纳税人、扣缴义务人进行处罚。

2. "阴阳合同"

实务中，曾有演艺人员利用"阴阳合同"逃税，被人举报后，税务机关限定其在规定时间内，补缴税款、罚款及滞纳金，合计金额高达 8.7 亿元。关于"阴阳合同"，《刑法》及《税收征收管理法》均没有明确提及。但利用"阴阳合同"偷逃税款，无一例外的，在税务执法过程中，均依据《税收征收管理法》第六十三条的规定，按偷税进行处理；在司法审判中，也按《刑法》中的逃税罪追究刑事责任。因此，对利用"阴阳合同"偷逃税款的，无论是在税收执法上，还是在司法审判上，均没有任何争议。

法释〔2024〕4 号文将利用"阴阳合同"逃税作为逃税罪隐瞒、欺骗行为特征中的一种，单独进行了列示，这对那些想要利用"阴阳合同"逃税的不法分子发出了一个明确的信号，即利用"阴阳合同"逃税是一种违法犯罪行为。

3. 虚列、虚抵与虚报

2009 年 2 月 28 日，第十一届全国人民代表大会常务委员会第七次会议通过《中华人民共和国刑法修正案（七）》，在此次《刑法》修正之前，逃税罪被称为偷税罪。关于偷税罪在成本列支方面的描述是"多列支出"，现行的《税收征收管理法》第六十三条关于偷税的规定，对支出的描述同样是"多列支出"。而法释〔2024〕4 号文对逃税罪的表述是"虚列支出"。

多列支出与虚列支出从字面上看，有相同的地方，也有不同的地方，换句话说，虚列支出包含了多列支出，同时也应当包含少列支出。

纳税人、扣缴义务人多列支出，造成税款损失，自然要按逃税罪追究刑事责任；少列支出即使不会造成税款损失，税务机关也会按《税收征收管理法》第六十四条中的

"编造虚假计税依据"进行行政处罚。

在法释〔2024〕4 号文中，紧跟"虚列支出"的就是虚抵进项税额或者虚报专项附加扣除。

虚抵进项税额是专门针对增值税的，没有进项税额而抵扣了进项税额，或者多抵了进项税额，如只有 5 块钱却抵扣了 10 块钱的进项税额，这些都属于虚抵进项税额。虚抵进项税额造成少缴税款的逃税，会与《刑法》第二百零五条的"虚开增值税专用发票、用于骗取出口退税、抵扣税款发票罪"紧密相关。

至于虚报专项附加扣除，则是针对个人所得税的。2018 年《个人所得税法》修订以后，增加了专项附加扣除的内容。虚报专项附加扣除必然会导致纳税人少缴个人所得税。例如，纳税人家里没有 60 岁以上的老人，却虚报有 60 岁以上的老人，每月可多抵扣 3 000 元的行为。法释〔2024〕4 号文也将虚报专项附加扣除列为逃税罪欺骗和隐瞒手段中的一种。

4. 骗取税收优惠

为了鼓励企业按照国家产业政策的发展方向去投资、生产和经营，我国根据经济社会发展的需要，出台了一系列税收优惠政策，如企业所得税研发费用加计扣除政策、增值税加计抵减政策、小规模纳税人月收入不超过 10 万元免税政策等，除了对每一个纳税人都适用的普惠性税收优惠政策，其他每一项税收优惠政策的适用都是有条件的。

以企业所得税研发费用加计扣除政策为例。该政策实行"负面清单"管理，烟草制造业、住宿和餐饮业、批发和零售业、房地产业、租赁和商务服务业、娱乐业，这六个行业的企业在"负面清单"之内，换句话说，这六个行业内的企业即使有研发费用，也不能享受加计扣除的税收优惠政策。另外，核定征收企业也不能享受研发费用加计扣除政策。

作为企业，要想享受税收优惠政策，必须符合一定的条件。当下，税务机关对税收优惠政策的管理是"由企业自行判断，申报享受，资料留存备查"。

如果纳税人不符合享受税收优惠政策条件，但却进行了申报，并在税务机关检查的过程中提供了虚假资料，这种情况按《税收征收管理法》的规定，就构成了偷税。

当然，如果纳税人明知不符合享受税收优惠政策的条件，却抱着税务机关发现不了的侥幸心理，申报享受了税收优惠政策，同样也涉嫌偷税。

上述行为达到一定数额和一定比例的，按法释〔2024〕4号文的解释，就构成了《刑法》第二百零一条的逃税罪。

 案例链接：

2024 年涉税违法典型案件
——某公司骗取研发费用加计扣除案

2024 年，青海省税务局稽查局根据精准分析线索，指导西宁经济技术开发区税务局稽查局依法查处了青海某公司骗取研发费用加计扣除案件。经查，该公司通过利用虚假交易虚开发票、虚构研发项目等手段，虚增研发费用 260.91 万元，骗取研发费用加计扣除

211.22 万元，合计虚增费用 472.13 万元。西宁经济技术开发区税务局稽查局依法调减该公司虚增的研发费用及加计扣除金额，并拟将该案虚开发票线索移送公安机关。西宁经济技术开发区税务局稽查局有关负责人表示，将进一步发挥税务、公安、检察、法院、海关、人民银行、外汇管理等七部门联合打击机制作用，坚持以零容忍的态度对虚开发票、偷逃税等涉税违法犯罪行为重拳出击、严惩不贷。同时，加强对各类享受税收优惠政策企业的税收服务和税收监管，护航税收优惠政策落实落地。

7.1.4　逃税罪涉及的概念须知

法释〔2024〕4 号文对《刑法》第二百零一条逃税罪所涉及的几个概念进行了明确。

1. 逃避缴纳税款数额

逃避缴纳税款数额是指在确定的纳税期间，不缴或者少缴税务机关负责征收的各税种税款的总额。

在税务机关负责征收的 16 个税种中，无论是增值税还是消费税等，法律和行政法规都有纳税义务发生时间的规定，纳税人的应税行为在纳税义务发生后，必须在法定的申报期内进行申报纳税。例如，对于增值税，如果纳税人是按月缴纳的，则应在每月 15 号之前申报纳税。

2. 应纳税额

应纳税额是指在确定的纳税期间，税务机关负责征收的各税种税款的总额。

3. 逃避缴纳税款数额占应纳税额的百分比

这是指行为人在一个纳税年度中的各税种逃税总额与该纳税年度应纳税总额的比例。不按纳税年度确定纳税期的，按照最后一次逃税行为发生之日前一年中各税种逃税总额与该年应纳税总额的比例确定。纳税义务存续期间不足一个纳税年度的，按照各税种逃税总额与实际发生纳税义务期间应纳税总额的比例确定。

逃税行为跨越若干个纳税年度，只要其中一个纳税年度的逃税数额及百分比达到《刑法》第二百零一条规定的标准，即构成逃税罪。

各纳税年度的逃税数额应当累计计算，逃税额占应纳税额的百分比应当按照各逃税年度百分比的最高值确定。

7.2　逃避追缴欠税罪

对于欠了税款不想还，采取各种方式，逃避缴纳所欠税款的纳税人，会被降低纳税信用等级；符合条件的，会被列入黑名单予以联合惩戒。如果欠税人采取隐匿或转移财产的手段逃避追缴，可能会涉嫌刑事犯罪，有坐牢的风险。

7.2.1　逃避追缴欠税罪的法律认定

根据《刑法》第二百零三条："纳税人欠缴应纳税款，

采取转移或者隐匿财产的手段，致使税务机关无法追缴欠缴的税款，数额在一万元以上不满十万元的，处三年以下有期徒刑或者拘役，并处或者单处欠缴税款一倍以上五倍以下罚金；数额在十万元以上的，处三年以上七年以下有期徒刑，并处欠缴税款一倍以上五倍以下罚金。"

法释〔2024〕4号文对上述"采取转移或者隐匿财产的手段"也作出了进一步明确，具体指以下几种情形：

"（一）放弃到期债权的；

（二）无偿转让财产的；

（三）以明显不合理的价格进行交易的；

（四）隐匿财产的；

（五）不履行税收义务并脱离税务机关监管的；

（六）以其他手段转移或者隐匿财产的。"

前五项所列举的转移隐匿财产的行为都非常明确，只有第六项是个兜底条款。原因在于，在司法实践活动中，欠税的纳税人为了逃避缴纳税款义务，会采取很多转移隐匿财产的方法。例如，有些人通过购买会所、运动场馆的大额充值卡，再转手卖掉，从而达到转移财产的目的；再如，有些欠税的纳税人以投资损失的方式转移资产，即将几百万元、几千万元财产用于投资，最后钱收不回来，损失掉了；又如，有人假借慈善之名，进行大额的捐款，通过这种"明修栈道，暗度陈仓"的方式达到转移财产的目的等。

 案例链接：

逃避追缴欠税案

2014年至2015年，段某某在经营原阳县某机动车驾驶员培训学校期间，未按规定向税务机关申报缴纳税款，共造成营业税（营改增前）、个人所得税、企业所得税等欠税合计约15万元。

2015年7月，原阳县税务局经过多次催缴无果后采取强制措施，查封了该培训学校5辆汽车。段某某私自将其中的 3 辆车出售。

2016 年 7 月，段某某将该培训学校转让出售，导致欠税无法追缴。

后经法院判决，段某某犯逃避追缴欠税罪，判处有期徒刑三年，并处罚金十七万元；犯拒不执行判决裁定罪，判处拘役六个月，数罪并罚，决定执行有期徒刑三年，并处罚金十七万元。

7.2.2 涉嫌犯罪的主要情形

1. 放弃到期债权

所谓放弃到期债权，就是将自己享有的到期债权全部或者部分予以放弃。欠债还钱天经地义，但有些债务人为了不还钱，会费尽心思逃避债务，如放弃自己的到期债权。

在民事法律关系中，被执行人放弃到期债权导致法院无法执行的，属于拒不履行人民法院已经发生法律效力的判决、裁定，申请执行人可以申请法院对被执行人采取罚款、拘留等强制措施；情节严重的，可以向法院申请将该线索移送公安机关追究被执行人的刑事责任。根据《民法典》的规定，申请执行人可以通过债权人撤销权诉讼，请求法院撤销被执行人的放弃行为，待该案胜诉后，继续执行被执行人的到期债权。

可见，民事法律制度已经通过立法补上这一漏洞。与民事法律关系中逃避债务一样，一些欠税的纳税人也会采取放弃到期债权的方式来逃避所欠税款的追缴。

《税收征收管理法》第五十条规定："欠缴税款的纳税人因怠于行使到期债权，或者放弃到期债权，或者无偿转让财产，或者以明显不合理的低价转让财产而受让人知道该情形，对国家税收造成损害的，税务机关可以依照合同法第七十三条、第七十四条的规定行使代位权、撤销权。"需要说明的是，合同法已废止，其中关于代位权和撤销权的规定并入《民法典》第五百三十五条、第五百三十八条、第五百三十九条。

对于逃避追缴欠税罪,《刑法》第二百零三条已做出
规定,但在该罪行为特征的描述上,比较原则并不具体,
而法释〔2024〕4号文明确将放弃到期债权作为逃避追缴
欠税罪的行为特征之一。

2. 无偿转让财产

大多数人都认为,自己的财产想送给谁就送给谁,别
人是无权干涉的,但若自己欠了很多债,还要把财产白送
给别人,就会存在问题。这种转移财产逃避债务的小把
戏,很容易被看穿。

自己得利了,但债权人利益受到了损害,这是法律所
不允许的,无论在我国的民事法律制度中,还是在刑事法
律制度中,都有相关禁止性规定。

税收是国家利益所在,受国家法律保护。欠税的纳税
人应当在税务机关的限期之内缴纳所欠税款,否则税务机
关有权采取强制执行措施。对于想通过无偿转让财产逃避
税款追缴的,税务机关可依法行使代位权、撤销权。税务

机关可以作为债权人，通过民事诉讼请求法院判决撤销欠税人无偿转让财产的有效性。

对欠税的纳税人无偿转让财产使税务机关无法追缴欠税，给国家税收造成损失的，属于法释〔2024〕4号文第六条所规定的"采取转移或者隐匿财产的手段"之一，应当按《刑法》第二百零三条的规定，追究刑事责任，最高刑罚是七年有期徒刑。

3. 以明显不合理的价格进行交易

在市场经济中，价格是非常重要的一个因素，其被称为调节市场资源分配的"看不见的手"。

在市场交易中，价格的高低主要由买卖双方来决定，高一点或是低一点，只要买卖双方你情我愿，别人无可置喙。但在特定条件下，对于价格的高低，政府有关部门可依法进行干预。根据《税收征收管理法》的规定，买卖双方在交易过程中，如果价格明显偏低，且没有正当理由，税务机关可以不认可双方的交易价格，而是核定一个价格，以此作为计税依据征收税款。另外，欠缴税款的纳税人以明显不合理的低价转让财产而受让人知道该情形，对国家税收造成损害的，税务机关可以依法行使代位权、撤销权。

那么，什么是"明显不合理的低价"呢？《税收征收管理法》对此没有作出明确的规定，但最高人民法院发布的《全国法院贯彻实施民法典工作会议纪要》给出了参考示范标准："转让价格达不到交易时交易地的指导价或者市场价百分之七十的，一般可以视为明显不合理的低价。"

《刑法》第二百零三条在对逃避追缴欠税罪的行为特征进行描述时，用了"采取转移或者隐匿财产的手段"的说法，而最高人民法院与最高人民检察院在法释〔2024〕4号文中，将"以明显不合理的价格进行交易"作为转移隐匿财产手段之一。因此，欠缴税款的纳税人如果比市场价格低30%转让财产，造成税务机关无法追缴欠税的数额达到一定标准的，就构成了逃避追缴欠税罪。

4. 隐匿财产

纳税人欠了税不想交，将自己的财产藏起来，让税务机关即使采取强制性措施也没办法将税款执行回来，最终自己获利，造成国家税款的损失，这种"老赖"的做法在现实税收征管工作中是存在的。

 案例链接：

隐匿财产逃税案

陈某、龚某共同投资成立了 A 餐饮公司，其后又在 A 餐饮公司下成立第一分公司和第二分公司，两个分公司以假发票入账，被税务机关稽查查出涉案税款90 余万元，税务机关对 A 餐饮公司作出并送达了税务处理决定书和税务处罚决定书。

为了逃避欠税，陈某和龚某在第一分公司、第二分公司地址上分别成立了宏某餐饮公司、石某餐饮公司，将第一分公司与第二分公司注销，同时 A 餐饮公司也不再进行发票的领用。

陈某和龚某通过上述方式使税务机关无法追缴所欠税款达 82 万元。

后法院经审理认为，陈某、龚某及 A 餐饮公司欠缴应纳税款，以转移、隐匿财产的方式，致使税务机关无法追缴欠缴的税款，数额超过《刑法》规定的一万元标准，已构成逃避追缴欠税罪。故以逃避追缴欠税罪判处被告单位 A 餐饮公司罚金人民币八十五万元；被告人陈某、龚某有期徒刑三年，缓刑三年，并处罚金人民币八十五万元。

客观来说，欠税并不构成犯罪，但本身有能力缴纳所欠税款，却采取转移或隐匿财产的手段来逃避欠税，达到一万元以上的，就构成了逃避追缴欠税罪。上述案件中，陈某、龚某及 A 餐饮公司通过注销纳税主体、设立新公司和开设新账户的方式逃避缴纳税款，欠缴数额达到十万元以上，依法应判处三年以上七年以下有期徒刑，并处欠缴税款一倍以上五倍以下罚金。法院公正的判决不仅有利于维护国家税收秩序，也有利于维护诚信经营的市场环境。

5. 不履行税收义务并脱离税务机关监管

现实生活中，有些人会采取"跑路"的方式躲债。而税收实务中，也有纳税人欠了税款后，采取跑路的方式逃避追缴。要知道，纳税人脱离税务机关的监管，让税务机关找不到，是无法抹掉所欠税款的。

跑路企业在税收上被称为"走逃（失联）企业"，即不履行税收义务并脱离税务机关监管的企业。具体来说，税务机关通过实地调查、电话查询、涉税事项办理核查等手段，找不到企业，也找不到企业相关人员，或者找到了代理记账、报税人员，但其不知情也联系不到企业的实际控制人的，该企业会被判定为走逃（失联）企业。

上述对"走逃（失联）企业"的定义出自国家税务总局公告 2016 年第 76 号，该公告虽然是针对异常扣税凭证的，但其中对走逃（失联）企业的认定，可以作为一个通用标准，适用于其他相关税收政策。

因此，"走逃（失联）企业"属于法释〔2024〕4 号文中"不履行税收义务并脱离税务机关监管"的纳税人，对造成国家税款损失达到一定标准的，应当追究刑事责任。

7.3 骗取出口退税罪

对出口产品退税是国际上通行的做法，目的是避免双重征税，增强本国产品在国际市场上的竞争力，扩大出口。对此我国也不例外。所谓出口退税，简单来说就是对我国报关出口的产品，退还在国内已缴纳的增值税和消费税。

出口退税分为两类：

一是退还企业用进口原料、半成品加工制成产成品出口时，已缴纳的进口税；

二是退还企业在产品报关出口时，生产该产品已缴纳的增值税与消费税。

出口退税对出口产品及出口企业而言无疑是非常有利的政策，但实务中却存在利用该政策骗取出口退税款的违法犯罪行为。

为打击涉税违法犯罪活动，《刑法》第二百零四条对骗取出口退税罪做出了明确的规定，即"以假报出口或者其他欺骗手段，骗取国家出口退税款，数额较大的"，构成骗取出口退税罪。

法释〔2024〕4号文对《刑法》第二百零四条中骗取出口退税罪所规定的"假报出口或者其他欺骗手段"进行了逐一列举：

"（一）使用虚开、非法购买或者以其他非法手段取得的增值税专用发票或者其他可以用于出口退税的发票申报出口退税的；

（二）将未负税或者免税的出口业务申报为已税的出口业务的；

（三）冒用他人出口业务申报出口退税的；

（四）虽有出口，但虚构应退税出口业务的品名、数量、单价等要素，以虚增出口退税额申报出口退税的；

（五）伪造、签订虚假的销售合同，或者以伪造、变造等非法手段取得出口报关单、运输单据等出口业务相关单据、凭证，虚构出口事实申报出口退税的；

（六）在货物出口后，又转入境内或者将境外同种货物转入境内循环进出口并申报出口退税的；

（七）虚报出口产品的功能、用途等，将不享受退税政策的产品申报为退税产品的；

（八）以其他欺骗手段骗取出口退税款的。"

显而易见，骗取出口退税是一种违法犯罪行为，达到一定标准会受到刑事追究，而这个标准是由刑事法律制度所制定的。

《刑法》中只是提到了骗取国家出口退税款"数额较大""数额巨大""数额特别巨大"，但却没有对这三个概念进行具体的量化。法释〔2024〕4号文则对《刑法》第二百零四条中骗取出口退税罪的"数额较大""数额巨大""数额特别巨大"三个概念进行了量化：骗取国家出口退税款数额十万元以上、五十万元以上、五百万元以上的，应当分别认定为刑法第二百零四条第一款规定的"数额较大""数额巨大""数额特别巨大"。

7.4 虚开增值税专用发票罪

实务中，虚开与反虚开增值税专用发票的斗争始终是税收征收管理的主线，虚开增值税专用发票也是打击涉税违法犯罪活动的重点。

增值税是采取进项税额抵扣来完成对增值额征税的，而进项税额就记载于增值税专用发票上，换句话说，增值税一般纳税人只要取得增值税专用发票，就可以依据专用发票上所记载的税额抵扣税款。这种环环相扣，链条式的抵扣方式，既方便了纳税人办税，也提高了税收征管效

率。但也有不法分子从中看到了挣钱的渠道，即虚开增值
税专用发票。简单来说，就是开票方从税务机关领出增值
税专用发票，在没有货物交易的情况下开出去，让受票方
抵扣税款，自己从中抽取开票费。

7.4.1 虚开的法律责任

增值税改革之初，大量的虚开给国家税款造成了重大
损失。1995 年全国人民代表大会常务委员会出台了《关于
惩治虚开、伪造和非法出售增值税专用发票犯罪的决定》，
将虚开增值税专用发票的行为列为刑事犯罪的一种，最高
刑罚为死刑。

1996 年，最高人民法院对虚开增值税专用发票的犯罪
作出了进一步的解释，列明了虚开的几种情形，包括没有
货物的交易；虽然有货物的交易，但开票的数额和数量与
真实的交易不符；进行了实际经营活动，但让他人为自己
代开增值税专用发票。

2004 年，最高人民法院在相关文件中强调，虚开应当

在造成国家一定税款损失时，方能认定为虚开增值税专用发票罪。其后很多案件的判决也贯彻了这一思想，强调不具有骗取税款目的、未造成国家税款损失的行为不应被认定为虚开增值税专用发票罪。

2024 年，最高人民法院与最高人民检察院在法释〔2024〕4 号文中明确了虚开行为的情形：

"（一）没有实际业务，开具增值税专用发票、用于骗取出口退税、抵扣税款的其他发票的；

（二）有实际应抵扣业务，但开具超过实际应抵扣业务对应税款的增值税专用发票、用于骗取出口退税、抵扣税款的其他发票的；

（三）对依法不能抵扣税款的业务，通过虚构交易主体开具增值税专用发票、用于骗取出口退税、抵扣税款的其他发票的；

（四）非法篡改增值税专用发票或者用于骗取出口退税、抵扣税款的其他发票相关电子信息的；

（五）违反规定以其他手段虚开的。"

该文件也进一步明确了不属于虚开的行为，即"为虚增业绩、融资、贷款等不以骗抵税款为目的，没有因抵扣造成税款被骗损失的，不以本罪论处，构成其他犯罪的，依法以其他犯罪追究刑事责任"。

这里需要强调一点，虚开增值税专用发票与逃税是不同的，不加区别都定性为虚开，或定性为逃税，显然有违税收法定的原则。最高人民法院与最高人民检察院在《"两高"〈关于办理危害税收征管刑事案件适用法律若干问题的解释〉的理解与适用》（以下简称《理解与适用》）中对此作出了详细解读，即区分虚开增值税专用发票罪与逃税罪的关键在于，犯罪嫌疑人主观上是基于骗取国家税款的故意，还是基于逃避纳税义务的目的。

7.4.2　涉嫌犯罪的主要情形

1. 虚开之没有实际业务

增值税是流转税，是以交易为前提的，没有交易就没有增值税，这在《增值税暂行条例》中有明确的规定，即"在中华人民共和国境内销售货物或者加工、修理修配劳务（以下简称劳务），销售服务、无形资产、不动产以及进口货物的单位和个人，为增值税的纳税人，应当依照本条例缴纳增值税"。因此，只有真实交易了，有了付款，才有增值税，才能开具增值税专用发票，否则就属于虚开。

在实际税收征管实践中，一些纳税人为了多抵扣税款，常常会花钱买发票，用于抵扣税款；也有不法分子，为了获取非法利益，成立空壳公司，从税务机关套取发票，在没有任何交易的情况下，暴力虚开增值税专用发票。

如前文所述，对于无货虚开，1995 年全国人民代表大会常务委员会出台的《关于惩治虚开、伪造和非法出售增值税专用发票犯罪的决定》规定，无货虚开的行为达到一定标准，会被认定为刑事犯罪，最高刑罚是死刑。

2016 年开始施行的营改增政策，将服务业纳入增值税的征税范围，虚开的范围也随之扩大，当初是无货交易构成虚开，营改增后将没有提供相关服务而开具增值税专用发票的行为，同样认定为构成虚开犯罪，会被追究刑事责任。

法释〔2024〕4号文延续了这一规定，只是根据税收制度及管理的发展变化换了一种说法，将"无货物交易"的虚开，改为"无实际业务"的虚开。

2. 超开也是虚开

在虚开增值税专用发票犯罪中，没有实际业务开具增值税专用发票属于虚开，那么，如果有实际业务，是否就不属于虚开呢？答案是否定的。换句话说，即便有实际的业务，但开具的增值税专用发票与实际的业务不符，也可能构成虚开。

根据法释〔2024〕4号文的规定，"有实际应抵扣业务，但开具超过实际应抵扣业务对应税款的增值税专用发票、用于骗取出口退税、抵扣税款的其他发票的"，会被认定为虚开增值税专用发票。该解释没有关注开票的数量和金额，只强调开具发票的增值税额不能超过实际企业应当抵扣的增值税额，如果超过了，就构成了刑事法律制度上的虚开。

3. 虚构交易主体型虚开

在虚开增值税专用发票犯罪的行为特征上，法释〔2024〕4号文相较于之前最高人民法院对虚开行为的认定，增加了虚构交易主体型虚开。

法释〔2024〕4号文规定的被认定为"虚开增值税专用发票或者虚开用于骗取出口退税、抵扣税款的其他发票"的情形，就包括"对依法不能抵扣税款的业务，通过虚构交易主体开具增值税专用发票、用于骗取出口退税、抵扣税款的其他发票的"。

首先，该规定针对的是依法不能抵扣税款的业务。按现行增值税税收政策，不能抵扣进项税额的业务有以下几种：

（1）用于简易计税方法计税项目、免征增值税项目、集体福利或者个人消费的购进货物、加工修理修配劳务、服务、无形资产和不动产；

（2）非正常损失所对应的进项税额；

（3）购进的贷款服务、餐饮服务、居民日常服务和娱乐服务，以及财政部、国家税务总局规定的其他情形；

（4）取得的扣税凭证不符合法律、行政法规或者国务院税务主管部门有关规定的，其进项税额不得从销项税额中抵扣。

对上述业务，即便是虚构了交易主体开具增值税专用发票，也无法抵扣税款。

其次，自法释〔2024〕4号文出台后，最高人民法院与最高人民检察院又出台了《理解与适用》，最高人民法院对虚构交易主体型虚开的解读是，"虚构交易主体型虚开，主要是针对根据法律规定不能抵扣的受票方，通过虚构交易主体，以该虚构的主体抵扣税款，从而实现骗抵税款的虚开";最高人民检察院的解读是,"实际交易的受票方不符合抵扣条件,但通过虚构一个与交易无关的第三方取得发票后进行抵扣,也属于虚开行为"。

从上述最高人民法院与最高人民检察院的解读来看,虚构交易主体的目的是虚构的主体本身进行税款抵扣,而不是虚开增值税专用发票,让受票方抵扣税款。但即便虚构了交易主体,交易主体也是一般纳税人,其取得的专用发票,如果是依法不能抵扣税款的业务,进项税额仍不能抵扣。

4. 篡改信息的虚开

随着电子发票及全电发票的推广和使用,与以前的纸质发票相比,虚开增值税专用发票出现了一些新的行为特征,篡改专用发票的电子信息就是其中之一。为了紧跟这种变化,这些新的虚开增值税专用发票的犯罪行为被纳入司法机关的打击范围内,法释〔2024〕4号文规定,具有"非法篡改增值税专用发票或其他用于骗取出口退税、抵扣税款的电子信息"情形的,应当被认定为"虚开增值税专用发票或者虚开用于骗取出口退税、抵扣税款的其他发票"。

对于篡改专用发票电子信息的虚开犯罪，最高人民法院与最高人民检察院在《理解与适用》中又做了进一步解读。最高人民法院解释，随着金税四期的使用和推广，税收征管由"以票控税"向"以数治税"转变，电子发票越来越普及，篡改电子信息的违法犯罪行为越来越多，所以根据国家税务总局的建议，增加了该类型的虚开犯罪。最高人民检察院认为，针对税收征收管理中的电子发票管理模式，不法分子通过篡改发票电子信息进行骗税，属于新的虚开犯罪行为。

电子发票与全电发票推广使用的时间不算很长，篡改发票信息的虚开行为已经出现，法释〔2024〕4号文将其纳入虚开增值税专用发票的行为特征之一，是非常及时的。

7.4.3 虚开加重处罚的情节

绝大多数犯罪在追究刑事责任的同时,《刑法》都会设定加重情节。具有特定情节的刑事犯罪都会加重处罚,虚开增值税专用发票罪也不例外。

法释〔2024〕4号文规定了三种应当认定为"其他严重情节"的情形,以及三种"其他特别严重情节"的情形,具体如下所述。

1. 其他严重情节

具有下列情形之一的,应当认定为"其他严重情节":

"(一)在提起公诉前,无法追回的税款数额达到三十万元以上;

(二)五年内因虚开发票受过刑事处罚或者二次以上行政处罚,又虚开增值税专用发票或者虚开用于骗取出口退税、抵扣税款的其他发票,虚开税款数额在三十万元以上的;

（三）其他情节严重的情形。"

税款如果在提起公诉前没有追回，那追回的可能性就不大了。换句话说，没有追回的税款是国家实实在在的税收损失，三十万元是很大一笔金额，对行为人加重处罚也符合罪刑相适应原则。

对于惯犯在刑事犯罪中加重处罚是一种普遍规则。五年内受过刑事处罚，或者多次行政处罚仍然虚开增值税专用发票的，属于屡教不改的惯犯，人身危险性大，应当予以严惩。

2. 其他特别严重情节

与"其他严重情节"相比，"其他特别严重情节"只在造成国家税款损失的数额上做了一些调整：

"（一）在提起公诉前，无法追回的税款数额达到三百万元以上的；

（二）五年内因虚开发票受过刑事处罚或者二次以上

行政处罚，又虚开增值税专用发票或者虚开用于骗取出口退税、抵扣税款的其他发票，虚开税款数额在三百万元以上的；

（三）其他情节特别严重的情形。"

7.4.4 虚开数额的计算

虚开税款的数额关系到罪与非罪，罪重罪轻，是定罪量刑非常重要的一个指标。对于虚开税款数额的计算，法释〔2024〕4号文没有做出明确的规定，但在《理解与适用》中有相关说明。

对于虚开税款数额的计算，应根据以下三种不同情况分别予以认定。

第一，只虚开进项税票，或者只虚开销项税票的，虚开税款数额按照虚开的总数额进行计算。

第二，以同一购销业务名义，即进项与销项之间具有关联性，如品名相同，既虚开销项票，又虚开进项票的，以其中较大的数额认定虚开数额，不按照虚开的进项和销项总数额累计计算。

第三，对不能区分是否基于同一购销业务，既虚开进项票又虚开销项票的虚开数额的认定，目前尚未达成共识，法释〔2024〕4号文对此未做出明确规定，实务中倾向以累计数额计算。

7.4.5 虚开、非法出售与购买

在增值税专用发票的犯罪中，虚开专用发票、非法出售专用发票与非法购买专用发票，是三个有着紧密联系的罪名。

犯罪嫌疑人在没有实际业务的情况下，需要进项发票抵扣税款以达到不缴或少缴税款的目的，进项发票从何而来？只能来源于第三方。虚开增值税专用发票有什么后果，第三方心里清楚，其冒着如此大的法律风险开票，肯定会收取费用，即开票费。如此，买卖双方便有可能触

犯三个罪名,开票方的行为构成非法出售增值税专用发票罪,受票方的行为构成非法购买增值税专用发票罪与虚开增值税专用发票罪。

对于开票方,为获得开票费,在无实际经营业务的情况下开具增值税专用发票,其交易的实质是出售发票。如果无法证明开票方与购票方有共同虚开增值税专用发票犯罪的故意(开票方只管开票,收开票费,对购票方拿到增值税专用发票后的抵扣税款行为并不知情),则开票方的行为应定性为构成非法出售增值税专用发票罪,而非虚开增值税专用发票罪。

对于受票方,也就是购买发票的一方,如果其购买发票的目的是用于抵扣税款,实际上也抵扣了税款,则属于用非法购买增值税专用发票手段,达到虚开增值税专用发票目的的牵连犯,就构成了非法购买增值税专用发票罪与非法虚开增值税专用发票罪,按择一重罪而处罚的原则追究刑事责任。

如果购买方购买增值税专用发票的目的不是抵扣税

款，而是从事其他活动，那要看其所从事的活动是否属于犯罪活动，不属于犯罪活动的，应按非法购买增值税专用发票罪追究刑事责任；属于犯罪活动的，则构成非法购买增值税专用发票罪与其他目的罪的牵连犯。

7.4.6 虚开增值税专票与普票罪名的区别

发票分为增值税专用发票与增值税普通发票，增值税专用发票可以抵扣税款，增值税普通发票不能抵扣税款。不论哪一种发票，都同样存在虚开的问题，虚开满足一定条件，均构成虚开犯罪，不同的是，虚开可以抵扣税款的发票，属于虚开增值税专用发票及可抵扣税款发票的犯罪，虚开不能抵扣税款的发票，属于虚开发票的犯罪。

最高人民法院与最高人民检察院针对法释〔2024〕4号文发布的《理解与适用》，对虚开增值税专用发票罪与虚开发票罪作出了区分。两个罪名的区别主要体现在以下两方面。

第一，犯罪对象不同。虚开增值税专用发票罪的犯罪对象是增值税专用发票，虚开发票罪的犯罪对象是除增值税专用发票、用于骗取出口退税、抵扣税款发票之外的其他发票。

第二，虚开增值税专用发票罪的虚开行为，要具有利用增值税专用发票的核心功能骗抵税款的目的。虚开发票罪是《刑法修正案（八）》新增的罪名，之前虚开发票行为虽然也较为常见，但均不作为犯罪论处；入罪后法定刑也较轻，属于破坏发票管理秩序犯罪，不以造成税款损失等为构成要件，只有虚开行为达到情节严重标准才构成。

存在争议的是，对于不以骗抵税款为目的虚开增值税专用发票的行为，能否按照虚开发票罪论处，仅从虚开的发票对象上是无法得出结论的。法释〔2024〕4号文对该问题未做出明确说明，尚需理论界和实务界进一步探讨。

7.5　伪造增值税专用发票罪

伪造增值税专用发票罪的全称是伪造、出售伪造的增值税专用发票罪，换句话说，无论是伪造，还是出售伪造的增值税专用发票，都构成此罪。

值得注意的是，按照法释〔2024〕4号文的规定，以伪造的增值税专用发票进行虚开，达到规定标准的，应当以虚开增值税专用发票罪追究刑事责任。

与伪造相似的还有变造。变造增值税专用发票的，按照伪造增值税专用发票论处。

根据法释〔2024〕4号文的规定，伪造或出售伪造的增值税专用发票刑事追究的标准是：

"（一）票面税额十万元以上的；

（二）伪造或者出售伪造的增值税专用发票十份以上且票面税额六万元以上的；

（三）违法所得一万元以上的。"

同时规定，票面税额五十万元以上，或者五十份以上且票面税额三十万元以上的，应当认定为"数量较大"；票面税额五百万元以上，或者五百份以上且票面税额三百万元以上的，应当认定为"数量巨大"。

五年内因伪造或者出售伪造的专用发票受过刑事处罚或者二次以上行政处罚，又伪造或者出售伪造专用发票，税额达到规定标准 60% 以上，或者违法所得在五万元以上的，应当认定为"其他严重情节"；票面税额达到规定标准 60% 以上，或者违法所得在五十万元以上的，应当认定为"其他特别严重情节"。

伪造并出售同一增值税专用发票的，以伪造、出售伪造的增值税专用发票罪论处，数量不重复计算。

案例链接：

伪造、出售伪造的增值税专用发票案

2017年6月，吴某在井冈山市注册成立了某包装有限公司，2018年11月至2021年9月，该公司因欠缴税款被停票处理。2021年3月，吴某经他人介绍认识了毛某，谎称公司可开具增值税专用发票，后双方签订了虚假采购合同，吴某通过微信找"会计"伪造了3份增值税专用发票给毛某，票面金额302 770元，获利16 622元。同年4月16日，吴某再次和毛某签订500万元印刷合同，找"会计"伪造了10份增值税专用发票，票面金额105万元，但因资金纠纷未将发票给毛某。后经税务机关查验，上述发票均为伪造。2022年1月18日，吴某被抓获归案。当地人民检察院以伪造、出售伪造的增值税专用发票罪对其提起公诉。